Marion Fladda

Marathon Thru Hiker –Das Trainingstagebuch

AF199462

„Wenn du laufen willst, lauf eine Meile. Wenn du ein neues Leben kennenlernen willst, dann lauf Marathon."

Emil Zátopek

„Everything you can imagine is real"

Pablo Picasso

„Go hard or go home"

Marion Fladda

Die Autorin
Marion Fladda ist erfahrene Marathon- und Ultramarthonläuferin. Neben ihrer Leidenschaft, dem Laufen, ist sie als Ernährungsberaterin und Personal Trainerin tätig. Sie hält Vorträge und Workshops, um dem Menschen eine artgerechte Ernährung und Lebensweise als moderner Homo Sapiens näher zu bringen.

Das Buch
"Marathon Thru Hiker -Das Trainingstagebuch" schildert die Vorbereitung einer Läuferin auf ihrem Weg zum Marathon. In Tagebuchform nimmt die Läuferin und Autorin ihren Leser mit durch die Höhen und Tiefen des Trainings. Neben humorvollen Erlebnissen aus Sport und Alltag werden auch fachliche Informationen und tiefgründige Fragen unseres Lebens aufgegriffen.

Bibliografische Information der Deutschen
Nationalbibliothek:
Die Deutsche Nationalbibliothek verzeichnet diese
Publikation in der Deutschen Nationalbibliografie;
detaillierte bibliografische Daten sind im Internet über
http://dnb.dnb.de abrufbar

Herstellung und Verlag:
BoD – Books on Demand Norderstedt

ISBN: 9783744834513

Und ich bringe Milch

Mein Leben begann in einem beschaulichen, ziemlich unspektakulären Dörfchen irgendwo im Rheinland. Man könnte nicht sagen, dass ich als Kind das klassische Abbild von rheinischer Frohnatur war. Vielmehr habe ich mich den größten Teil meiner Existenz eher bedeckt gehalten und das auch im wahrsten Sinne des Wortes. Nicht selten haben mich die anderen Kinder im Sandkasten eingebuddelt. Da ich nie viel gesagt habe als Kind, konnte schließlich keiner ahnen, dass ich es blöd fand, immer eingebuddelt zu werden. Aber immerhin lief ich auf Grund meiner Wortkargheit nicht Gefahr, am Sand zu ersticken. Eine für meine Kindheit wichtige Schlüsselfigur war unter anderem Goofy. Aber nicht als Komikfigur, sondern als Eis. Meine Sandkastenfreundin hatte dieses besondere Eis immer als Vorrat da und um eins zu bekommen, habe selbst ich dann mal ein Wort abgesondert. Ansonsten habe ich nicht viel geredet. Dies führte auch dazu, dass ich das klassische Kind war, dass beim Metzger eine Scheibe Schinkenwurst mit Gesicht bekam und keinen Mucks machte. Meine Mutter ist damals an mir verzweifelt, weil ich lieber die Wurst samt Zunge verschluckt habe, anstatt Danke zu sagen. Und weil ich ein so verbal wahnsinnig ausgereiftes Genie war, durfte ich bei der Krippenaufführung in der Grundschule die Frau mit der Milch spielen. „Und ich bringe Milch" war mein Text. Überschaubar, aber dafür bin ich wahrscheinlich die einzige, die heutzutage noch immer ihren kompletten Text kann.

In meiner Kindheit fing ich irgendwann an mit Judo. In meinem Verein war ich die meiste Zeit das einzige Mädchen, aber das war mir die ersten Jahre egal. Körperlich war ich den Jungs nicht unterlegen und da ich noch ein Kind war, war es mir auch egal sich mit Jungs auf dem Boden rum zu wälzen. Eine Trainingsstunde hatte sich ganz besonders bei mir eingebrannt. Es war ein Freitagnachmittag und die aufgedrehte Kindermeute alberte ausgelassen rum, anstatt sich vernünftig aufzuwärmen. Da platzte dem Trainer der Kragen bzw. der schwarze Gürtel. „Wenn ihr nicht sofort mit dem Gegacker aufhört, dann werde ich euch so fertig machen, dass euch der Schweiß im Hintern verdampft!" Diese Drohung führte natürlich dazu, dass wir uns vor Lachen nun gar nicht mehr retten konnten. Und daraus resultierte dann die Umsetzung der Drohung. In dieser Stunde ließ unser Trainer uns tatsächlich so viel rennen und schwitzen, dass er sein Versprechen wahr machte. In der Luft lag ein Hauch von verdampften „Arsch Schweiß".

Schon als Kind mochte ich die körperliche Betätigung. Und da ich auch nicht zu einem totalen Bewegungslegastheniker gehörte, habe ich mich bei den meisten Sachen auch nicht allzu blöd angestellt. Wenn man mal die Nachtwanderung auf einer Ferienfreizeit außen vor lässt. In dieser Nacht dachte ich, mein letztes Stündchen habe geschlagen. Die Betreuer hatten uns damals nachts in einen Wald geführt und man konnte wählen, ob man zu zweit oder alleine einen Waldweg gehen wollte. Da ich ja schon immer ein echter Kerl war, wollte ich die Sache mit dem dunklen Wald alleine regeln. Das habe ich auch und zwar auf meine Weise. Es hätte wahrscheinlich keiner vorher für möglich gehalten, aber auf diesen 200 m konnte man sich verlaufen. Irgendwo war ich wohl abgebogen, wo ich nicht hätte abbiegen sollen. Ich lief und lief und nichts geschah. Ich hatte damit gerechnet, dass sich irgendein Betreuer im Gebüsch versteckt hatte, um mich zu erschrecken. Aber nix passierte. Die Zeit verging und ich schlappte durch den dunklen Wald. Irgendwann kam ich an eine Straße. Und da wurde mir langsam klar was passiert war. Ich hatte mich verlaufen. Ich rannte zurück und fing an zu heulen. Was willst Du sonst machen als kleines Mädchen alleine im bösen, dunklen Wald? Zum Glück hatte ich damals noch keinen Stephan King gelesen. Ich wäre wahrscheinlich sofort ohnmächtig geworden vor Angst. Ich stolperte und viel in einen Dornbusch. Nirgendswo konnte ich Stimmen hören oder Lichter sehen. Ich hatte schreckliche Angst. Ich lief weiter mit meinen aufgerissenen Händchen und wimmerte vor mich hin. Das hatte ich nun von meinem heldenhaften „Ich will das alleine machen!". Und dann sah ich auf einmal ein Licht. Ich rief laut und versuchte dem Licht hinter her zu rennen. Wenn ich Glück hatte war es nicht der böse Wolf, sondern einer der Betreuer. Und ich hatte Glück. Einer der Betreuer war auf dem Rückweg zur Jugendherberge. Von meinem Verlust hatte bisher noch keiner etwas bemerkt. Wie gesagt, ich war auch nIe die schillernde Persönlichkeit, die groß auffiel. Zum Glück war mein Verlaufen noch mal gut gegangen. Die bleibenden Schäden und Verstörungen hielten sich auch in Grenzen.

Als ich dann langsam in die Pubertät kam wollte ich mich nicht mehr mit den Jungs auf den Matten kebbeln. Jungs fand ich plötzlich doof und Pferde toll. Somit wechselte ich mein Hobby zu Gunsten der Vierbeiner. Meine Jugend verbrachte ich im Stall und alles andere interessierte mich nicht. Ich wuchs ziemlich beschützt auf. Ohne Alkohol, Zigaretten oder anderen Drogen. Und ohne Hausaufgaben zu machen. Irgendwie hatte ich es immer geschafft meine Hausaufgaben zum richtigen Zeitpunkt am richtigen Ort zu haben. In der Schule war ich ein Phantom. Immer noch sehr wenig kommunizierend. Ich war das Mädchen vorne links. Ich war weder bei den coolen Mädchen, noch bei den schlauen Mädchen. Ich war halt da. Mehr aber auch nicht. Meine Klasse war zum Glück sehr schlecht. Daher musste ich nicht viel leisten, um einigermaßen über die Runden zu kommen.

Nach meinem Realschulabschluss hatte ich wider erwarten die Qualifikation für das Gymnasium bekommen. Ich hatte keine Ahnung, was das bedeutete. Mein Vater rief spontan in unserem Dorfgymnasium an und meldete mich dort an. Ich hatte keinen blassen Schimmer was ich mit mir und meinem Leben anfangen sollte. Die Vorstellung Abitur zu machen amüsierte mich. Mehr aber auch nicht. Ich fand mich ziemlich dumm und war mir sicher, jämmerlich zu versagen. Aber egal. Ich machte es einfach. Zur Not würde ich einfach wieder in den Sandkasten gehen und ein Loch buddeln. Nur mittlerweile ein etwas größeres Loch.

Während der Oberstufenzeit begann sich meine Persönlichkeit langsam zu entwickeln. Nicht wirklich Mainstream, aber zumindest tat sich etwas. Das klassische Partyleben begann ich sehr spät und dann nur sehr kurz. Mit Alkohol konnte ich nicht viel anfangen. Er machte mir ein paar witzige Abende, an denen ich mich blamierte und ein paar verkaterte Sonntage, an denen ich den ganzen Tag auf der Couch versumpfte.

Ich rannte schon damals durch die Felder und träumte von einem athletischen und durch trainierten Körper. Mich faszinierte irgendwann Lance Armstrong mit seinem Perfektionismus und seiner Stärke. Dass ein Teil seines Perfektionismus auf einem ausgeklügeltem „Doping Komplott" basierte, war mir damals noch nicht klar. Ich wollte es aber auch nicht hören und eiferte meinem Helden auf dem Rennrad so gut es ging nach. Heut zu Tage sehe ich das Problem eher im System und nicht in den einzelnen Sportlern. Es zählen nur Siege, herausragende Leistungen und spektakuläre Vitas. Genau das, was ich nicht zu bieten habe. Mein Leben war so unspektakulär wie ein Glas H-Milch mit Honig. Von der Faszination Radsport entfernte ich mich nach ein paar Jahren. Ich fing an zu laufen. Immer mehr und mehr. Im Hinterkopf waberte auch immer noch die fixe Idee von der perfekten Figur. Ich träumte davon, mit Sport Geld zu verdienen. Der Profisport bzw. den Alltag mit Sport zu verbringen, war eine wundervolle Vorstellung.

Anstatt irgendetwas mit Sport zu machen, landete ich in der Apotheke und verdiente so mein Geld. In meiner Freizeit rannte ich durch die Gegend und sammelte unzählige Wettkämpfe zwischen 5 km und 60 km. Über die vielen Jahre, Urkunden, Medaillen und Pokale entwickelte sich mein Körper nie zu dem, was ich immer angestrebt hatte. Immer hechelte ich einer noch besseren Form hinter her. Und dies nicht nur auf physischer Ebene. Auch geistig vollzog ich ein Fernstudium nach dem anderen. Ich wollte immer besser werden. Meine einstige Gleichgültigkeit, die sich durch meine Schulzeit gezogen hatte, war Geschichte. Ich hatte mich zu einem wissenshungrigen und lernwilligen Wesen entwickelt.

In mir wuchs der Wunsch, den Menschen etwas von meinen Erkenntnissen über ein artgerechtes Leben als Homo Sapiens zu vermitteln. Ich unternahm im Laufe der Jahre viele Versuche, ein Buch zu verfassen. Doch meine Unsicherheit ließ mich jedes Mal scheitern. Mir schien mein Input nicht ausreichend zu sein für ein Buch. Viel zu unspektakulär war mein Leben. Ich hatte weder glorreiche Erfolge, noch eine atemberaubende Entwicklung hinter mir. Alles was ich hatte, war viel Freude beim Schreiben, eine Menge angesammeltes Wissen und die Idee von meinem Trainingstagebuch.

Egal ob es sich um Sportler oder Nichtsportler handelte, war das Finishen eines Marathons oft ein Punkt auf der Liste der im Leben abzuarbeitenden Dinge. Mit meiner Dokumentation meiner Vorbereitung konnte ich jedem einen Einblick in das Leben eines Sportlers geben. Was geschah mit einem über die Wochen und wie fühlte es sich an, so lange auf ein Ziel hin zu arbeiten?

Als ich den Entschluss gefasst hatte dieses Projekt zu starten, wusste ich noch nicht, wie ich mein Buch nennen würde. Ich war mir sicher, dass sich ein Titel von ganz alleine finden würde. Und dies geschah auch tatsächlich. Der Titel „Marathon Thru Hiker – Das Trainingstagebuch" ist in Anlehnung an die Wanderer entstanden, die sich auf Fernwanderwegen bewegten. Für mich war die Vorbereitung eines Marathons inklusive des Marathons selbst auch jedes Mal eine Reise. Daher hatte ich mich kurzentschlossen als „Marathon Thru Hiker" bezeichnet. Übersetzt bedeutete dies einen Marathon zu durch wandern. Ich hatte natürlich nicht vor, dies im wortwörtlichen Sinne zu tun. Es war viel mehr metaphorisch gemeint.

Meine Aufzeichnungen entstanden an jedem Tag meines Trainings und wurden daher geprägt von den jeweiligen Emotionen und Gedanken. Das Lesen meiner Aufzeichnungen erhält natürlich den größten Spannungsbogen, wenn man ihn in Echtzeit liest und jeden Tag auch nur einen Tagebucheintrag liest. Aber das bleibt jedem selbst überlassen.

Und nun nehm ich Dich mit auf meine Reise.

Dienstag, 28. März 2017
Gewicht: 58,6 kg
Liebens Tagebuch,
die acht Wochen Vorbereitung für den Vivawest Marathon
haben begonnen und die ersten zwei Tage Training sind
auch bestens gelaufen. Neben dem Training hatte ich mich
auch auf Diät gesetzt, was dazu führte, dass ich fast den
ganzen Tag hungrig in der Gegend rum lief. Meine
Trainingseinheiten wollte ich ausschließlich nüchtern
machen. Ja, Du hast richtig gelesen. Ausschließlich
nüchtern. Wenn Du mir das vor einem Monat erzählt
hättest, dann hätte ich Dich ausgelacht, mit Kartoffeln
beworfen und Dir Tiernamen gegeben. Ich und nüchtern
war so wie Wasser und Feuer. Das ging gar nicht. Ich war
von Hause aus verfressen. Ich wollte essen, wenn ich
morgens wach wurde. Ich war ein Hamster, immer mit
mindestens 50 % der Gehirnleistung beim Futter. Das war
in meinem ganzen Leben schon so. Mein Nachteil war ein
absolut auf Hochtouren laufender Hamsterstoffwechsel.
Alles wurde zu Hüftgold verwertet. Ich war zwar nie
wirklich dick, aber eine gute Unterhautfettverteilung
konnte ich immer vorweisen. Damit ich normalgewichtig
blieb, musste ich immer kämpfen. Aus diesem Grund
beschäftigte sich eigentlich immer ein gewisser Anteil
meines Hirns mit der Auswahl der Lebensmittel. Und wenn
ich morgens meine Äuglein öffnete, die ohne Kontaktlinsen
noch nicht viel erkennen konnten von der Welt, dachte ich
ans Frühstück. Das Essen trieb mich aus dem Bett und voller

Freude bastelte ich mein Frühstück zusammen. Der Gedanke erst noch eine richtig knackige Trainingseinheit zu absolvieren, konnte daher nicht abstruser sein. Warum ich es nun dennoch tat, lag an meinen Erfahrungen in Kenia und meiner grundsätzlichen Einstellung dem Leben gegenüber. „Wenn Du immer nur das tust, was Du schon kannst, dann bleibst auch immer das, was Du bist."

Ich wollte mich weiter entwickeln, auch wenn es für meine kleine Person eine enorme Anstrengung und ein riesiges Hindernis darstellte. Ich wollte meine Chancen und mein Leben nutzen und nicht im Alltagstrott auf einmal aufschrecken, weil das Leben plötzlich zu Ende war. Ich wollte etwas wagen und investieren. Und ich wollte neue Wege gehen und wenn sie auf einer Müllkippe enden würden, darüber lachen und einfach einen neuen Weg gehen. Auch wenn ich dabei über Müllhaufen steigen musste. Und so war ich gerade ziemlich gewillt, mir eine Scheibe von den kenianischen Läufern abzuschneiden. Naja, nur sinnbildlich, da von den Kenianern bei einer Scheibe Verlust nicht viel übrig bleiben würde.

Heute Morgen klingelte planmäßig um 6:00 Uhr der Wecker mit dem Lied „Love long distance" von Gossip. Mein Magen grummelte leicht und in Anbetracht der bevorstehenden Intervalleinheit etwas unmotiviert. Mein Rücken, der sich seit ein paar Wochen morgens etwas steif und schmerzhaft anfühlte, quängelte auch lustlos unter der Bettdecke hervor. Ich hatte mir bei einer total albernen Blödelei einen Wirbel im Brustwirbelbereich verschossen. So, dass ich nach dem Liegen auf weichen Matratzen immer ganz schön steif das Licht des Morgens erblicke. Die Entwicklung war zum Glück auf dem Wege der Besserung. Leicht verschlafen bin ich ins Bad geschlappt, um erst mal die Routinebadarbeiten abzuspulen. Pipi machen, wiegen und dann den Körper in die Laufkleidung pressen. 2 km Einlaufen, 10 x 400 m intensive Intervalle auf der Bahn und dann noch 2 km Auslaufen. Ein Traum. An das Nüchterntraining hatte ich mich eigentlich schon gewöhnt. Intervalle, die so richtig am Anschlag gelaufen werden, hatte ich allerdings nüchtern noch nie gemacht. Ich war gespannt, wie sie funktionieren würden.

Nach anderthalb Tassen kaltem, grünen Tee hatte ich mich dann auf den Weg zum Sportplatz gemacht. Die Beine fühlten sich ganz gut an. Der Rücken war auch soweit wieder hergestellt. Es war noch dunkel und der Horizont verfärbte sich in die schönsten Farben. Eine Mischung aus Pink, Orange und Rot. Abgerundet wurde dieser schöne Anblick von einem wahren Konzert aus Vogelgezwitscher. Der Frühling war zum Leben erwacht. Eine wunderschöne Jahreszeit. Alles wurde wieder lebendig und bunt. Ich erreichte den Sportplatz und befreite mich von meiner Jacke. Es war morgens tatsächlich im Moment noch richtig frisch. Ich machte mich bereit für die Intervalle. Los ging es. 10 x 400 m alles was geht und das bestenfalls ohne hinten raus einzubrechen. Das erste Intervall fühlte sich irgendwie ungeschmeidig an. Es war merkwürdig seit so langer Zeit wieder richtig zu rennen. Mein Magen fühlte sich dafür aber gut an. Es hatte wirklich seine Vorteile, ohne Belastung durch das Essen zu laufen.

An dem letzten Tag in Kenia hatte ich mit meinem furchtbar schlechten Englisch versucht, mit einem kenianischen Eliteläufer über seine Ernährung zu sprechen. In dieser Unterhaltung erzählte er mir, dass man nüchtern viel besser trainieren kann. Alles im Körper sei leistungsfähiger und klarer. Auch der Kopf. Und der sei wichtig. „Du brauchst einen klaren Kopf"

Auf meinem zweiten Intervall verstand ich was er meinte. Ich fühlte mich leicht, fokussiert und klar. Die Sonne kroch immer weiter in den Himmel und die Welt um mich und den Sportplatz wurde immer lebendiger. Ein Intervall nach dem anderen spulte ich herunter. Dazwischen immer eine kleine Gehpause. Die Intervalle wurden immer zäher. Die Muskeln wirkten immer bleierner und der Befehl zu rennen, wurde von meinen Beinen scheinbar nicht mehr ernst genommen. Die letzten Intervalle wurden etwas langsamer. Ganz perfekt konnte ich mein Tempo nicht halten. Aber das war auch gut so. Es zeigte, dass ich meinen Körper erfolgreich an seine Grenzen gebracht hatte. Zumindest für diesen Morgen in Sachen Intervalltraining. Ich machte mich zufrieden auf den Rückweg. Training für heute erledigt. Jetzt wartete ein Tag mit vier „Diät Mahlzeiten" auf mich. Vielleicht würde ich wieder Hunger haben. Aber wenn dem so wäre, dann würde ich mich darüber freuen.

Mittwoch, 29. März 2017

Gewicht: 58,6 kg

Liebes Tagebuch,

mein gestriger Tag war tatsächlich geprägt von einem sehr starken Hunger. Meine geplanten Mahlzeiten habe ich demnach immer spontan nach vorne verlegt. Aber ich habe es geschafft, nicht mehr als geplant zu verspeisen. Klopf auf die Schulter. Meine Nacht war etwas durchwachsen. Ich wurde gegen drei wach und musste mal Pipi. Manchmal habe ich diesen Zustand totaler Lethargie und dann liege ich lieber noch stundenlang mit Harndrang auf der Matte, als einfach mal eben aufzustehen, um dem Drang nach zu gehen. Man weiß ja nie, vielleicht kommt ja doch eines Tages die „Pipi Fee" und erlöst mich von dem nächtlichen Bedürfnis. Nachdem sich die Fee nicht blicken ließ, habe ich mich dann irgendwann selbst zum Klo gekämpft. Der Schlaffrieden war danach allerdings irgendwie gestört und unruhig. Heute Morgen fühlte ich mich leicht gerädert, als der Wecker ging. Vielleicht war die Fee ja doch noch dagewesen und wir haben ohne mein Wissen die ganze Nacht durch gemacht. Wie dem auch sei.

Meine heutige Trainingseinheit bestand aus einem easy Leguanolauf in einer Pace jenseits von 7:00 Minuten auf den Kilometer. Die Beine fühlten sich tatsächlich intervallgeschwängert und etwas unbeweglich. Aber zum Glück hatten sie ja heute frei, denn der Leguanolauf endete bereits nach 3 km. Nach dem Läufchen ging es dann noch eine Runde in meine Trainingsbude. Ein wenig

Beweglichkeitstraining, sowie ein knackiger Brückenzirkel für Schultern, Hintern und Rumpf. Mein Rücken fühlte sich heute noch besser an als gestern. Dies lässt mich hoffen, dass der Drops meiner kleinen Unbeweglichkeit demnächst gelutscht ist. Beim Herstellen meines Frühstücks kam ich mir heute vor wie im Paradies. Anstatt drei Mandeln konnte ich satte neun Mandeln nehmen. Die dreifache Menge quasi. Mir lief der Speichel schon beim Anblick dieser „Unmengen" aus dem Mund. Es war schon wirklich faszinierend, wie dankbar man auf einmal über so eine minimale Steigerung war. Eine Woche Kalorienkastration reichte aus, um dankbar für jede weitere Kalorie zu sein. Und Dankbarkeit war etwas so großartiges. Wir vergessen dieses Gefühl nur leider viel zu oft. Aber nicht heute. Morgen steht der Long Run auf dem Plan. Nüchtern versteht sich. Ich bin gespannt, wie es mir morgen ergehen wird. Heute kann ich es mir noch nicht so richtig vorstellen. Ich werde mich heute noch ein wenig mit Stretching, Flow Yoga und Visualisierungseinheiten beschäftigten. Und natürlich mit dem Konsum von mehr Futter. Das Leben kann so schön sein.

Donnerstag, 30. März 2017

Gewicht: 58,8 kg

Liebes Tagebuch,

ich habe meinen Tag mit mehr Futter bestens überstanden und habe es in vollen Zügen genossen mit den Eiweißen und Fetten rum zu aasen. Ich hatte mich wie geplant abends noch mal in mein Fitnesskämmerchen verzogen und habe mich etwas gedehnt, mit der Black Roll bearbeitet, Flow Yoga praktiziert und habe Visualisierungsarbeit geleistet. Es fiel mir zugegeben schwer, mich in den Zustand zu versetzen, morgens um 6:00 Uhr die Laufschuhe für den Long Jog zu schnüren. Noch schwerer fiel es mir, den Lauf selbst zu spüren.

Heute Morgen brauchte ich mich dann nicht mehr konzentrieren, um mir vorzustellen wie es ist aufzustehen, die Schuhe zu schnüren und los zu laufen. Heute Morgen musste ich es dann einfach tun. Als ich los lief, war es noch dunkel. Der Himmel war nicht so klar, wie die letzten Morgen. Dicke Wolken hingen am tiefblauen Himmel. Das Licht reichte gerade aus, um den Boden sehen zu können. Die Vögel ließen sich durch die etwas trübere Morgenstimmung nicht vom Zwitschern abbringen. Meine Beine fühlten sich alles andere als frisch an. Sie fühlten sich nach Arbeit an. Das durften sie natürlich auch. Ich war gespannt, was diese Ausgangssituation meiner Muskelfasern für den Langen Lauf bedeuten würde. Der Plan sah es vor nach 14 km kurz zu Hause einen Schluck zu trinken, um dann noch eine weitere Runde mit ca. 12 km zu laufen. Dann würde ich zu Hause nochmal einen Schluck trinken und locker auslaufen bis ich 30 km voll hatte. Auf meinen ersten Kilometern lief ich durch die noch dunklen Felder und kam an einem Schweinestall vorbei. Ein Transporter stand vor den Stallungen und dem Geschrei der Schweine nach zu beurteilen, wurden sie gerade verladen. Die Schreie der Schweine gingen mir durch Mark und Bein. Ich hörte sie noch immer, als ich schon weit entfernt war. „Die Lämmer haben geschrien. Sie haben geschrien. Die Lämmer haben geschrien." Klang es durch meinen Kopf. Mir kam die Filmszene aus dem „Schweigen der Lämmer" in den Kopf, in der die Polizistin von Hannibal Lecter über ihre Kindheit ausgefragt wird. Wie traumatisiert, hatte sie diesen Satz immer wiederholt. In leicht abgewandelter Form begleitete mich nun diese Phrase ebenfalls ein paar Kilometer. „Die Schweine haben geschrien. Sie haben geschrien. Die Schweine haben geschrien." Leicht bedrückt über diese Stimmung und die Vorstellung, dass die Schweine gerade auf ihre letzte Reise gingen, setzte ich meinen Long Jog fort. Ich konnte mein Tempo leicht steigern. Das hätte ich nach dem zähen Zustand der Beine beim Loslaufen nicht gedacht. Nach 14 km und 1:24 machte ich meine erste Pause. Die Pace dieser Runde lag damit bei knapp 6 Minuten auf den Kilometer. Ich machte mich frisch und trank gierig von meiner Spezialflüssigkeit. Kamillentee mit 6 % Maltodextrin und einer Prise Salz.

Die zweite Runde startete ich bewusst bremsend, da ich meinem Körper erst mal die Gelegenheit geben wollte, die

Flüssigkeit im Magen zu verwerten. Dann zog ich das Tempo rauf. Ziel war es, die zweite Runde immer weiter zu steigern. Es lief. Die Beine waren gut. Die Welt um mich herum war auch zum Leben erwacht. Überall Menschen, die auf dem Weg zu ihrer Arbeit waren. Ich war bereits auf der Arbeit. Ich lief. Und ich liebte es. Meine Uhr zeigte mir eine Geschwindigkeit um 5:30 auf den Kilometer. Sehr gut. Ich durchstreifte die Stadt, die Felder und Wälder und kam nach gut 12 km mit ordentlicher Endbeschleunigung von 4:30 auf den Kilometer wieder zu Hause an. Ich fühlte mich ein kleinwenig wie ein Pipmatz, der zum Futter holen immer wieder Runden drehte und mit dem Schnabel voll Fressen für seine Brut wieder zum Nest zurück kehrte. Nur mit dem kleinen Unterschied, dass ich nicht mit Essen wieder zu Hause aufschlug, sondern im Gegenteil, gierig über meine Kohlenhydrattrinknahrung herfiel. Ich machte glücklich meine Trinkflasche mit Kamillentee und Maltodextrin leer und öffnete mir zur Belohnung noch eine Dose Red Bull. Mit frischer Energie habe ich mich dann noch 3,5 km locker ausgelaufen. Mit so einem guten Lauf hatte ich nicht gerechnet. Die zweite Runde hatte ich in einer Durchschnittsgeschwindigkeit von 5:27 Minuten auf den Kilometer runter gerissen. So darf das Marathontraining echt weiter gehen bzw. laufen.

Samstag, 01.April 2017

Gewicht: 59,2 kg

Liebes Tagebuch,

hinter mir liegt ein Tag, der im Zeichen der absoluten Erholung stand. No sports! Das bedeutete im Klartext, dass ich morgens direkt frühstücken durfte. Keine Nüchterneinheit und keine Kalorien verballern. Ernährungstechnisch war der Tag einer von der enthaltsamen Sorte. Daher hatte ich schon hin und wieder etwas Hunger. Trotz des Hungers hatte ich dann heute ein paar Gramm mehr auf der Waage. Dies waren noch die Auswirkungen von dem langen Lauf am Donnerstag. Der Körper lagert danach oft vermehrt Wasser ein. Aber ich muss gestehen, dass ich gerade ziemlich entspannt bin, was meinen Körper und meine Konstitution anging. Und vor allem war ich total dankbar, dass er gesund war. Klopf auf Holz. Und ich bin ja so wahnsinnig dankbar, dass heute ein Tag mit dem Fokus auf glücklich machenden Kohlenhydraten war. Ich wurde heute Morgen vor dem Wecker wach, weil meine Blase mal wieder am Anschlag war. Anstatt einfach auf Klo zu gehen, bin ich wieder liegen geblieben. Ein Blick auf die Uhr verriet mir eine Mitteleuropäische Sommerzeit von 5:36 Uhr. Ich hatte Hunger. Meine Gedanken schwirrten nur um das eine. Um die Konstruktion meines Frühstücks. Mein Gehirn benahm sich wie ein Kind, das sich auf den Weihnachtsmann und seine Geschenke freute. So grelle war meine graue Substanz auf den Zucker und das damit verbundene

Serotonin. Vor dem Frühstück stand heute aber erst noch eine Nüchterneinheit auf dem Plan. 20 Minuten in meinen Barfußschuhen locker traben und danach noch einen 20 minütigen Zirkel aus einem kleinen Best of Workout. Danach noch ein wenig Stretching und Flow Yoga. Und dann würde ich mir gierig mein Essen kredenzen. Mit meiner gedanklichen Schwärmerei für das Essen verbrachte ich die Zeit mit maximal gefüllter Blase so lange im Bett, bis der Wecker klingelte. Ein erleichterndes Schnaufen entglitt mir. Jetzt konnte ich endlich aufstehen und Pipi machen. Für diese paar Minuten hätte es sich einfach nicht gelohnt aufzustehen. So konnte ich nun das Aufstehen mit dem Wasserlassen verbinden.

Ich schlappte ins Bad und machte mich bereit für die sportliche Betätigung. Draußen war es noch nicht ganz hell. Die Vögel machten wieder ein wahnsinniges Spektakel. Eine Geräuschkulisse, die das Herzchen gleich schneller schlagen ließ. Es war Frühling. Aber sowas von Frühling. Ich schlürfte noch zwei Tassen kalten Kamillentee weg und machte mich dann auf die Socken. Kein Mensch weit und breit. Dafür aber überall ausgelassene Vögelchen, die ihr Frühlingserwachen feierten. Meine Beine fühlten sich einigermaßen gut an. Der 30er von Donnerstag war anscheinend ganz gut verdaut. Soweit man das unter dieser Belastung sagen konnte. Wie verdaut er wirklich war, würde ich morgen beim 10 km City Lauf in Korschenbroich sehen. Nach 21 Minuten Barfußlaufen mit meinen Leguanos und einem Durchschnittspuls von 117 bpm stand ich zu Hause wieder auf der Matte. Jetzt war Schluss mit Lustig. Obwohl mein Workout gemessen am Puls wesentlich lockerer war, war es subjektiv viel anstrengender. Man erreichte durch die doch kleineren Muskelgruppen nicht so konstant hohe Pulsbereiche. Zudem hatte man beim Krafttraining den Effekt, dass durch die höhere Maximalbelastung, die noch schnelleren Energieträger heran gezogen wurden. Dies sind die sogenannten Phosphate. ATP und Kreatinphosphat insbesondere. Sie waren allerdings schnell leer und benötigten dann erst mal eine Pause, damit sie sich wieder regenerieren konnten. Ich praktizierte allerdings in meinen Workouts keine Pausen, da ich einfach die Übungen immer wechselte. Dabei konnten sich dann jeweils die leeren Muskelgruppen erholen und eine andere musste dran glauben.

Für heute stand der Fokus auf dem Oberkörper. Es ist wichtig, hier stabil zu sein. Nicht nur grundsätzlich, sondern auch für das Laufen. Man sollte sich immer wieder klar machen, dass der Körper eine Vernetzung von vielen Muskelschlingen und Muskelketten ist. Es ist nicht nur das Laufgestell jenseits des Hinterns, das sich beim Laufen betätigt. Der ganze Körper arbeitet symbiotisch zusammen. Ich begann mich warm zu machen. Ich war zwar schon einigermaßen angewärmt von meinem Barfußlauf, aber für mein Workout wollte ich gezielt noch ein paar bestimmte Strukturen besser durchbluten. Neben dem Erwärmen ging es mir hier auch um die Mobilisation. Viele Gelenke führten in unserem Leben als moderner Homo Sapiens ein jämmerliches Schattendasein. Daraus resultierten Unbeweglichkeit und Kompensationsbewegungen, die nie gut waren. Ich ließ die Arme kreisen. Schön kontrolliert nach hinten, die Schulterblätter dabei nach unten gezogen und stets bemüht den verkürzten Brustmuskel zu dehnen. Ich änderte die Kreisgröße zwischen klein und groß, sowie die Richtung von hinten nach vorne. Die Arme wurden schwer. Wie Blei. Es war schon lustig, wie anstrengend einfache Übungen waren, wenn man sie nur lang genug machte. Und es war gleichermaßen lustig, wie effektiv sie dazu auch noch waren. Nach dem Arme kreisen ließ ich meine Hüfte kreisen, denn auch die Hüfte war ein vernachlässigtes Gelenk, das selten seinen gesamten Bewegungsradius ausschöpfen durfte. Jetzt ging es endlich wieder in die Horizontale. Fußgelenkmobilisation, sowie die die Flexibilität und Beweglichkeit der hinteren Oberschenkelmuskulatur standen nun noch an. Danach ging es dann richtig los. 20 Minuten Workout mit sechs unterschiedlichen Übungen, wobei jede Übung 40 Sekunden wiederholt wurde und dann ohne Pause zur nächsten gewechselt wurde.

Go! Ich begann mit einer Übung für den Bauch, die sich „Gegrätschter Beinscherencrunch" nannte. Eine Übung, die mir eigentlich leicht fiel. Die 40 Sekunden waren schnell rum. Wechsel zur nächsten Übung für den Bauch. „Crunch it up". Dies war kein gewöhnlicher „Sit up". Hierbei kam man weiter hoch bzw. vollzog die Bewegung mehr oben als unten. Dadurch musste die Bauchmuskulatur mehr Haltearbeit leisten. Danach der Wechsel zum „Sit up reverse". Hierbei rollte man sich auf, so dass sich die Beine Richtung Oberkörper bewegten. Drei Übungen, die volles Rohr auf den Bauch gingen. Danach der Wechsel zum Liegestütz. Es war ein Hochgenuss, Liegestützen zu machen, wenn der Bauch zuvor kasteit wurde. An dieser Stelle wurde einem klar, welche Muskeln bei dem Liegestütz alles arbeiteten. 40 Sekunden Liegestütze machen war ohne hin kein Kindergeburtstag. Die Arme fingen an zu brennen und man bekam echt Schwierigkeiten, die Spannung zu halten. In der ersten Runde war es allerdings noch recht easy. Mein 40 Sekundenalarm erlöste mich von den Liegestützen. Ich ließ mich auf den Bauch nieder. Es folgte die Übung „Daumen nach oben". Um den Hintern mit zu trainieren, hob ich die Beine ebenfalls an. Die Arme wurden zur Seite gestreckt. Nun mussten die Daumen langsam und kontrolliert auf und ab bewegt werden. Am besten sollte hierbei die Hauptaktion aus den Schulterblättern kommen. Jedes Mal wenn ich diese Übung machte, hatte ich die gleichen Gedanken. Erst machte ich mich lustig über die Übung und mit jeder weiteren Wiederholung jammerte ich innerlich über die gnadenlos schwerer werdenden Arme. Nach 40 Sekunden ging es zur letzten Übung. Seitlicher Ausfallschritt. Also hoch. Meine Arme fühlten sich schon leicht bleiern an und ich kam kaum noch hoch. Aber das würde über die nächsten Runden noch viel schlimmer werden. Ich machte meine Ausfallschritte zur Seite. Ich ließ dabei die Beine gegrätscht stehen und wechselte in diesem breiten Stand nur zwischen links und rechts. Immer hin und her. Den Hintern schob ich beim Absenken immer weit nach Hinten, damit ich im Knie keinen zu spitzen Winkel erreichte. Die Adduktoren wurden auch langsam wach. Es knackte trotz vorheriger Mobilisation an verschiedenen Stellen. Eine schöne Übung für den Hintern, die Oberschenkel und vor allem die Adduktoren, die auch zu den armen „Waisenmuskeln" gehörten. Meine Uhr brummte mich zum nächsten Durchgang. Zurück auf den Boden. Gegrätschter Beinscherencrunch. Ich arbeitete mich Intervall für Intervall weiter. Nach einer gefühlten Ewigkeit verriet mir der Blick auf die Uhr: Halbzeit. Oh Hölle, die Muskeln vor allem beim Liegestütz brannten schon lichterloh. Auch die „Daumen nach oben" hauten langsam ordentlich rein. Das Hochdrücken, um für die Ausfallschritte wieder in die Vertikale zu kommen, wurde zu einer zusätzlichen Herausforderung. Die Zeit verstrich langsam und nach 20 Minuten war ich dann durch. Und gar. Und hungrig. Bevor ich mich über mein kohlenhydratreiches Futter her machen durfte, gab es allerdings erst noch Stretching und Flow Yoga. Zeit zum Entspannen.

Ich kannte kaum einen schöneren Zustand. Die Muskeln waren nach dem Workout schön schwabbelig und entspannt. Die Haut war warm und sauber und duftete angenehm nach Duschöl und Bodylotion. Der Kaffeeautomat römerte mit viel Getöse an meinem Kaffee herum und vor mir in der Pfanne garte mein Frühstück. Oh ja, das war einfach perfekt.

Für den restlichen Tag stand dann gewöhnliche Hausarbeit an, allerdings mit einer leicht chaotischen Note. Ich hatte mir einen Einkaufszettel geschrieben, damit ich für meine zweite Mahlzeit auch alles hatte. Nach langem Überlegen, ob ich nun wie ein alter Couchpotato mit dem Auto fahre oder wie ein fitter Personal Trainer mit dem Fahrrad, entschloss ich mich, ganz langsam mit dem Fahrrad los zu tuckeln. Ein Mittelding zwischen agilem Sportler und degeneriertem Schweinehundverfechter. Ich wollte mich etwas schonen für den morgigen Wettkampf. Ich trampelte los. Es war ganz schön warm geworden. Wenn es morgen so warm bleiben würde, gäbe es die erste kleine Hitzeschlacht in diesem Jahr. Aber Ich liebte warme Läufe. Auch wenn sie leider immer etwas auf Kosten der Schnelligkeit gingen.

Ich erreichte den Laden und belud mich in perfekt ausbalancierter Stapelmethode mit meinen Einkäufen. Sehen konnte ich außer dem Turm Essen vor mir nicht mehr viel. Der Einkaufklassiker halt. „Brauchst Du einen Einkaufswagen?" „Ach quatsch, nicht für die paar Teile!" Immer das Gleiche. Irgendwie manövrierte ich mich zur Kasse und lud alles wieder ab. Der Kunde vor mir war dran, als ich schon mal meinen Rucksack vorbereitete und meine EC Karte rausholen wollte. Keine Karte. „Wo ist meine Karte?" Nach Bargeld brauchte ich gar nicht zu suchen. Das war eh nie da. Aber wo zum Henker war meine Karte?

Panisch stapelte ich die ganzen Einkäufe wieder zum schiefen Turm von Pisa zusammen und räumte das Feld. Zum Glück hatte ich noch früh genug nach der Karte geguckt. Ein paar Minuten später wäre es noch eine ganze Portion peinlicher ausgegangen. Denn es war Samstag, voll und die Schlangen an den Kassen drückten sich bis tief in die Gemüseabteilung hinein. Ich suchte mir in der Weinabteilung eine leere Kiste „Chardonnay Blanc" und schüttete meine Einkäufe dort hinein. Nach einer ausführlichen Inspektion meines Portemonnaies konnte ich nur die Abwesenheit meiner Karte feststellen. Mist, ich hatte sie wahrscheinlich in meiner anderen Jacke zu Hause. Ich ließ meine leckeren Einkäufe schweren Herzens im Weinregal zurück und machte mich auf den Weg nach Hause. Ich trat nun doch etwas eifriger in die Pedale. Nicht, dass mir noch jemand meine Beute aus dem Weinregal klaute. Wie ich es mir gedacht hatte, befand sich meine Karte in der besagten Jacke. Ich steckte sie schnell ein und machte mich wieder auf den Weg zurück zum Laden. Hauptsache ich hatte nun die doppelte Strecke mit dem Fahrrad abgespult und das auch noch in leicht panischer „Hoffentlich nimmt mir keiner mein Essen weg Verfassung". Mein Essen wartete zum Glück noch brav zwischen den ganzen Weinpullen auf mich. Ich schnappte mir den Karton und stellte mich ein zweites Mal an die Kasse. Diesmal mit Zahlungsmittel. Ich machte mich wieder auf den Heimweg und hatte mittlerweile ordentlichen Hunger. Höchste Zeit mal wieder Essen zu kochen. Nach einem wenig spektakulären Mittagessen hing ich meine Wäsche auf und stellte fest, dass die saubere Wäsche aussah, als hätte ein Eichhörnchen seinen gesamten Nussvorrat in meiner Waschmaschine gebunkert. An allen Klamotten hingen kleine, undefinierbare braune Brösel. Jack Pott! Ich hatte in meiner Reithose ein Pferdeleckerli vergessen, das sich beim Waschvorgang in eine Milliarde Einzelteile aufgelöst und sich schön gleichmäßig auf alle Anziehsachen verteilt hatte. Oh ja, man nannte mich auch die Königin der Hausfrauen.

Sonntag, 02.April 2017
Liebes Tagebuch,
heute habe ich leider kein Gewicht für Dich. Denn heute war ich nicht zu Hause. Ich hatte mich gestern Nachmittag auf die Reise zu meinen Eltern begeben, da der heutige 10 km Wettkampf dort in der Nähe stattfand. Ausgerüstet mit meinen ganzen Essensplänen, die zugeben sehr simpel und übersichtlich waren, und meinen ganzen Laufsachen habe ich gestern Abend bei meinen Eltern Quartier bezogen. Nach einem leckeren Abendessen und ein wenig Kommunikation mit meinen Eltern, habe ich mich schon zeitig zum Schlafen in mein altes Kinderzimmer verkrümelt. Dieses Zimmer hat meine Mutter auf der einen Seite in eine kleine Bibliothek umgebaut. Als ich bereit für das Schäfchenzählen war, habe ich meinen Blick durch die Regale schweifen lassen. Gab es hier wohl eine passende Gute Nacht Lektüre für mich? Mir fielen zwei Bücher, die unterschiedlicher nicht sein konnten, ins Auge. „Die 7

Botschaften Deiner Seele" und „Kleines Pferdebuch für Kinder". Letzteres schien mir noch aus meinen Buchbeständen zu stammen und nicht zu den neueren Anschaffungen meiner Mutter zu gehören. Ich nahm beides in die Hand und lächelte etwas amüsiert über diese skurrile Wahl. Ich legte das Pferdebuch für Kinder nach kurzem Durchblättern wieder weg. Mit dem Buch über die Botschaften der Seele legte ich mich ins Bett. „Wer bist Du?" Mit dieser immer wieder kehrenden Frage begann das Buch. Was auch immer der Fragende hören wollte, sämtliche Antworten die gegeben wurden, waren nicht die Antwort auf die Frage. Es ging nicht um den Namen, die Herkunft oder den Beruf. Die Frage war tiefgreifender. Ich hatte beim Lesen der Zeilen, genau wie die Figur im Text, keine Ahnung, was die richtige Antwort war. „Wer bin ich?" Ganz schön schwerer Stoff. Ich las noch eine Weile in dem Roman und klappte das Buch dann zu. Merkwürdiger Input. Ich hatte erwartet, einfach 7 Botschaften meiner Seele zu lesen. Von wegen einfach durchlesen, man musste sich scheinbar durcharbeiten, um es zu verstehen. Ich blätterte einmal quer. Irgendwie schien es mir ein wenig spooky mit Überich und so. Ich war froh, dass ich die vielen Stimmen in meinem Kopf im Griff hatte und mich nicht noch um ein durchgedrehtes Überich kümmern musste. Ich legte das Buch zur Seite und probierte Bubbu zu machen. Richtig geruhsam war die Nacht allerdings nicht. Ich wurde gegen halb sechs wach und fühlte mich leicht gerädert. Der Rücken war auch wieder ein klein wenig schlechter. Ich blieb noch gut eine halbe Stunde liegen und krabbelte dann aus meinem Bett. Es war an der Zeit mein erstes Frühstück zu futtern. Der Start des Laufes war heute erst um 14:00 Uhr und aus diesem Grund wollte ich schon früh mit essen beginnen, damit ich meine zweite Mahlzeit auch noch früh genug verzehren konnte. Ich machte mir das gleiche schmackhafte Frühstück wie am Vortag und freute mich ein weiteres Mal über die ganzen Kohlenhydrate. Hoffentlich würden sie mir gleich gute Beine machen. Die letzten Treppenstufen hatten sich keineswegs kraftvoll angefühlt. Nach dem Essen ist vor dem Essen. Während ich gedanklich bereits beim Kochen meiner Nudeln war, hatte sich mein Vater gerade mal aus dem Bett erhoben. Ich fühlte mich schon ein wenig durch geknallt, sonntags so früh aufzustehen, nur um noch zwei Essen rein zu bekommen. Und das obwohl ich die letzten Wochen alle Trainingseinheiten nüchtern abgespult hatte. Die 10 km würden auch ohne Essen gehen. Hoffentlich ging das mal alles gut. Pünktlich um halb elf saß ich bei meinem zweiten Mahl. Einer weiteren Kreation aus der Marke Eigenbau. Nudeln, mit passierten Tomaten, zwei Speigeleiern und 30 g fettarmen Gouda, sowie einer Reihe Gewürzen. Geschmacklich zumindest für meine abgedrehten Geschmacksknospen ein kleiner Hauptgewinn. Ich hoffte nur, dass der mittlere Eiweißgehalt der Mahlzeit nicht zu lange Verdauungszeit nach sich ziehen würde. Ich hatte bewusst den Eiweißanteil in der Mahlzeit gelassen, da ein paar mehr an Aminosäuren im Blut auch hilfreich waren.

Ich hatte etwas mehr als drei Stunden Verdauungszeit. Das sollte reichen. Nach dem Essen legte ich mich tatsächlich nochmal hin und machte einen kleinen Powernap.

Gegen halb zwölf wurde ich wieder wach und machte mich langsam startklar. Laufbuchse an den Hintern. Kompressionsstrümpfe an die Treter, Melkfett an die potentiellen Scheuerstellen, Shirt über den Torso und los ging es.

Die Sonne schien von einem strahlend blauen Himmel. Ein wunderschöner Sonntag. Perfekt zum Laufen, Radfahren, Spazieren gehen oder auch einfach nur zum Existieren. Auf meinem Weg nach Korschenbroich sah ich Scharen von Menschen, die sich auch an dem genialen Wetter erfreuten. Was würden meine Beinchen wohl heute so hergeben? Was war eigentlich mein Ziel? Ich hatte keine Ahnung. Ich wusste nur, dass das warme Wetter wahrscheinlich seinen Beitrag zur Entschleunigung beitragen würde. Die Zeitung hatte einen Anmelderekord von über 4000 Startern gemeldet. Und dies wurde mir beim Erreichen der Korschenbroicher City auf einen Schlag klar. Wie sollte ich hier nur einen Parkplatz finden? Ich fuhr in eine kleine Einbahnstraße nahe dem Ziel und blieb am Rand stehen. Eine Frau kam gerade in dem Moment aus der Haustür. Ich fragte sie, ob ich hier irgendwo parken könnte. Ich sollte mal wieder mehr Glück als Verstand haben. Sie sagte mir, ich soll mich einfach vor ihren Wagen stellen. Sie müsste allerdings um 15 Uhr weg. Das dürfte wohl kein Problem sein. 10 km in einer Stunde waren zu schaffen. Ich parkte freudestrahlend meinen Wagen und machte mich mit 20 Euro auf den Weg zur Nachmeldung. Stolze 17 Euro sollte der Lauf beim Nachmelden kosten. Das war für einen 10 km Lauf ganz schön ambitioniert. Aber da ich in die Wertung des Rhein Kreis Neuss Cups hinein wollte, blieb mir nichts anderes übrig. Und eigentlich mochte ich diesen City Lauf. Er war vom Charakter her genauso durch geknallt, wie mein Heimlauf, der Neusser Sommernachtslauf. Die Geburtsstädte meiner Laufkariere. Gefühlte 1000 Runden durch die Innenstadt. Laufen und Runden zählen verlangte einem bei der Intensität einiges ab.

Ich erreichte die Nachmeldung und machte mich ans Ausfüllen des Zettels. Eine freundliche Dame neben mir fragte mich, ob ich denn auch genug Geld dabei hatte. „Klar" sagte ich. „20 Euro". Sie guckte mich leicht amüsiert an. „Es kostet aber 21 Euro. 17 Euro plus 4 Euro Nachmeldung." Oh nein, und ich hatte keinen Pfennig mehr dabei. Die Frau öffnete ihr Portemonnaie und gab mir den fehlenden Euro. Schon wieder hatte ich Glück gehabt. Ich freute mich über die Hilfsbereitschaft der Frau und meldete mich für 21 Euro nach. Als ich mich auf den Weg zurück zu meinem Auto machte, dachte ich über etwas nach, was ich ein paar Tage zufuhr irgendwo gelesen hatte. Wenn einem etwas Positives wiederfährt, soll man dies immer stets weiter geben und die „Kette" der Freundlichkeit und Hilfsbereitschaft nicht unterbrechen. Eigentlich war ich die meiste Zeit von Natur aus offen für freundliche und hilfsbereite Gesten, aber wenn ich ehrlich war, dann erwischte ich mich auch hin und wieder dabei, in meinen Gedanken zu versumpfen. Man grübelte viel zu oft über Belanglosigkeiten und vergaß den aufmerksamen Blick in die Welt. Ich erreichte mein Auto und machte mich bereit. Startnummer an den Bauch und meine 6%ige Maltodextrinlösung in den Bauch. Als ich noch 40 Minuten bis zum Start hatte, machte ich mich ans Warmlaufen. Die Beine fühlten sich etwas zäh an. Vor allem meine rechte Wade war etwas unpässlich. Hoffentlich würde sich das gleich legen. Die 30 km von Donnerstag waren halt noch nicht verdaut. Meine Eier vom Mittagessen dagegen schienen weitestgehen verarbeitet zu sein. Ich fühlte mich gut. Nach 10 Minuten waren meine Beine dann auch geschmeidig. Zum Glück. Ich befreite mich noch mal von meiner vollen Blase und kippte den Rest meiner Maltodextrinlösung nach. Jetzt zum Start und los. Ich stellte mich im Startfeld ziemlich weit nach vorne. Normalerweise stand ich grundsätzlich zu weit hinten. Ich wollte halt nie jemandem im Weg stehen. Dieses Verhalten teilten allerdings nicht alle. Es befanden sich in den ersten Reihen jedes Mal auch Läufer, die eigentlich eher in die letzte Reihe gehörten. Warum auch immer sie sich diesen Stress zumuteten. Heute hatte ich mich allerdings auch mal ganz weit nach vorne gestellt. 14:00 Uhr. Der Startschuss schickte uns auf den Rundkurs. Zwei kleine Einführungsrunden und sechs große Runden. Ich wühlte mich durch das Startfeld. Irgendwie waren trotz „Pool Position" immer noch viele Langsame vor mir. Dies war keine Kritik an langsamen Läufern. Ich freue mich über jeden Läufer, der seinen Schweinehund in den Zwinger gesteckt hat und sich sportlich betätigt. Aber vielleicht sollten sie sich nicht unbedingt in die erste Reihe stellen. Auch nicht in die Zweite.

Nach einem kleinen Gewurstel hatte ich einen Moment freie Laufbahn. Ich fand mein Tempo und fühlte mich plötzlich ziemlich gut. Die Beine zogen. Jetzt bloß nicht überziehen. Die Muskeln fühlten sich voll und schön „spannig". So sollte es sein. Mein Körper fühlte sich leicht und leistungsfähig. Ich kannte von meinen vielen Wettkämpfen auch ganz andere Zustände. Aber bloß nicht den Tag vor dem Abend loben. Ich hatte noch viele Runden vor mir. Und das unter einer angeregt strahlenden Sonne. Relativ schnell waren die zwei kleinen Runden weg. Es fühlte sich alles noch gut an. „Wer bist Du?" schoss mir durch den Kopf. Die Frage aus dem „Seelenbotschaftenbuch" meldete sich aus dem nichts. Schlechter Moment, um über sowas Tiefgreifendes nach zu denken. Ich musste schließlich laufen und Runden zählen. Die Frage schallte wie ein Echo immer wieder durch die Windungen meiner grauen Substanz. Eigentlich wusste ich es nicht. Aber ich wusste zumindest, dass ich Freude am Laufen hatte. Reichte das als Antwort? Wahrscheinlich nicht. Vier Runden hatte ich weg. Nur noch die 5., 6., 7. und 8. Runde. Jetzt bloß nicht verzählen. Ich hatte keine Ahnung wie schnell ich unterwegs war. Von den Läufern um mich herum zu urteilen war ich gut unterwegs. Das mag vielleicht eine oberflächliche Strategie sein, aber ich analysierte immer die Optik meiner mitschwimmenden Läufer. Sahen sie fit und durchtrainiert aus, war ich zufrieden. Sahen sie eher nicht so austrainiert aus, machte ich mir Gedanken. Wie gesagt, das war etwas oberflächlich und ich war mir dessen bewusst. Aber unbewusst tat dies glaub ich jeder.

Die Runden vergingen und ich fühlte mich immer noch gut. Ich erinnerte mich immer wieder an die Leichtfüßigkeit der Kenianer in Iten. Fühl „The kenian way of running". Wahrscheinlich sah es nicht danach aus, aber ich fühlte einen Funken von kenianischem Feuer in mir. Mein kenianisch-deutsches Armband schlackerte an meinem rechten Handgelenk und unterstützte mein kenianisches Feuer. Ich ging in die letzte Runde. Noch einmal alles raushauen, was da war. Schneller ging nicht. Ich wühlte mich durch die noch immer volle Strecke. Aufgelöst hatte sich das Feld den ganzen Lauf über nicht. Durch die hohe Rundenzahl hatte man schon früh begonnen, das Feld von hinten wieder aufzuräumen. Ein kontinuierlicher Spießrutenlauf. Ich zog weiter. Das Ziel vor Augen. Vielleicht sogar eine neue Bestzeit? Ich wusste es nicht. Es hatte sich so kraftvoll und gut angefühlt, dass da einfach eine neue Bestzeit rauskommen musste. Auf den letzten Metern zog ich noch an zwei Frauen vorbei, die ihr Tempo nicht mehr halten konnten. Eine von beiden rief der anderen hinterher, sie solle es alleine probieren. Ich hatte schon ein paar Meter auf beide raus gelaufen und hörte von hinten nun immer wieder ein lautes „Zieh!" Immer wieder. Wahrscheinlich galt dies der schnelleren Frau von beiden, die angefeuert wurde, zumindest mich noch zu versägen. Grundsatz Nummer eins: Anfeuerungen, die indirekt gegen mich sind, führen zu einer ungewollten Anfeuerung meiner Beinchen. Das machen die dann vollautomatisch. Ich haute noch einen Zielsprint raus und finishte vor den beiden Damen. Ein Blick auf die Uhr verriet mir eine 44:12. Das war eine Minute über meiner Bestzeit. Allerdings stellte sich nicht der Funken einer Enttäuschung ein. Keine Spur von Unzufriedenheit. Nix. Ich freute mich über dieses gute Laufgefühl. Die Zeit war mir vollkommen egal. Die beiden Frauen hinter mir waren so am Ende, dass sie den Eindruck machten, sich gleich zu übergeben. Davon war ich meilenweit entfernt. Ich holte mir ein Wasser, ein alkoholfreies Weizen und mein wohlverdientes Finisher Shirt und machte ich mich auf den Weg zum Auto. Was ein schönes Laufgefühl. Und irgendwie freute ich mich gleichermaßen darüber, dass ich mich nicht über die Zeit ärgerte. Ich hatte unterwegs viele Läufer gesehen, die immer wieder auf ihre Uhr guckten und vollkommen am Anschlag waren. Eine Frau war dabei, die super fit aussah und das Tempo bei den Bedingungen aber scheinbar nicht halten konnte. Sie probierte es immer wieder. Sie schoss ein paar Mal an mir vorbei, mit eisernen Willen, ihr Tempo durch zu ziehen. Schlussendlich sah ich sie, wie sie von der Strecke ging und mit ihrem Hasen diskutierte. Sie war fertig. Da lob ich mir meine Taktik, auf mein Gefühl zu hören und mich den Umständen anzupassen. Wenn es warm, voll und kurvig war, ging es nun mal alles eine Spur langsamer von statten. Stur auf sein Tempo zu bestehen, würde der Körper einem nicht verzeihen. Ich trabte mich noch locker aus und bedankte mich bei meinen Beinen und dem restlichen Körper. „Well done!"

Dienstag, 04.April 2017
Gewicht: 59,2 kg
Liebes Tagebuch,
mein gestriger Tag war geprägt von einer dezenten Lethargie. Nachdem ich es Sonntag nach dem Wettkampf kaum erwarten konnte, endlich weiter trainieren zu dürfen und mich gedanklich bereits mit dem Stemmen einer 12 kg Kettlebell auseinander gesetzt hatte, folgte dann Montag die Konfrontation mit der knallharten Realität. Ich war gerädert wie die LKW-Spur auf der Autobahn. Ausgefahren und sanierungsbedürftig. Zum Glück stand für den Montag auch nur ein ganz langsamer 3 km Leguanolauf auf dem Plan. Dazu ein kurzes Kettlebellworkout. Die Spinnereien über 12 kg hatte ich hysterisch kichernd über Board geschmissen. Die 8 kg Kettlebell wurde stattdessen geschwungen und das sollte auch reichen. Den restlichen Tag hatte ich damit verbracht, gegen Hunger und Müdigkeit zu kämpfen. Ein klarer Fall von Superkompensation am absoluten Tiefpunkt. Jetzt musste die Regeneration retten, was zu retten war. Und wie tat man dies am besten? Ausruhen und Erholen. Dazu gutes Essen, entspannen und schlafen. So die Theorie. Die Praxis sah eher so aus: Viel

Kaffee, subjektiv viel zu wenig Futter und keine Entspannung. Regeneration unter erschwerten Bedingungen. Theorie und Praxis waren halt einfach zwei unterschiedliche Paar Schuhe. Aber nun denn, ich bemühte mich, das Maximale an Erholung für mich raus zu holen. Meine Ernährung bestand wieder aus wenig Stoff. Dafür aber aus hochwertigem Material. Durch den Hunger und Appetit musste ich halt durch. Wer seine Fettreserven attackieren will, muss dem instinktiven Drang nach Futteraufnahme auch mal standhalten. Zu allem Überfluss lagen auf der Arbeit drei verflixte Tafeln Milka Schokolade rum. In den schmackhaftesten Varianten überhaupt. Jedes Mal wenn ich an ihnen vorbeikam, hatten meine Augen die Beute fest im Visier, die Speicheldrüsen feuerten übermotiviert los und der Körper stand auf Angriff. Meine Schokoladenkillerinstinkte mussten sich allerdings meinem disziplinierten Willen beugen. Was war schon der Genuss einer geilen Tafel Schokolade gegen einen austrainierten Körper? Nun gut, die eine Belohnung und Befriedigung war schnell und billig zu haben. Die andere musste man sich hingegen hart erarbeiten. Da fiel es leicht zu resignieren und sich den überall verfügbaren Belohnungsleckereien hin zu geben. Es lag schließlich in der Natur des Menschen zu hamstern. Ohne das Vermögen Körperreserven anzulegen, hätten wir nicht einen Winter überlebt. Denn Dönerbuden, Bäckereien und Tankstellen gab es damals in der Steinzeit noch nicht. Und unser Stoffwechsel war noch immer der Selbe. Wir sind auf Überleben programmiert und das heißt mit anderen Worten „Nimm diese geile Schokolade und iss sie auf, bevor es jemand anderes tut."

Obwohl ich gestern Abend nur noch rum gehangen hatte, fühlten sich meine Beine zäh wie Leder an. Ich probierte sie mit einer kalten Dusche etwas zu beleben. Kurzfristig half es, um einen annähernd lebendigen Zustand hervorzurufen. Heute Morgen stand mein wöchentliches Intervalltraining an. Der Gedanke daran überführte mich wieder in einen Zustand von albernem Gelächter. Eigentlich liebte ich es ja, mich zu bewegen und mich punktuell aus dem Sumpf der Komfortzone heraus zu schälen. Aber jetzt gerade in diesem Moment fühlte es sich einfach nur wahnsinnig an. Die Nacht war wie im Fluge vergangen. Laut meiner Uhr hatte ich tonnenweise Tiefschlaf. Und so fühlte ich mich auch. Ich konnte mich zwar nicht mit einem doppelten Flick Flack aus dem Bett katapultieren und hing auch noch recht lange mit bis zu den Ohren hochgezogener Bettdecke rum, aber ich fühlte mich dennoch recht gut erholt. Auf allen Vieren krabbelte ich aus dem Bett. Also sehr nah dran an der Variante mit dem doppelten Flick Flack. 10 x 400 m warteten auf mich. Es war schon eine Spur heller draußen. Nicht mehr lange und es würde auch um 6:00 Uhr wieder hell draußen sein.

Ich machte mich laufbereit und schlürfte zwei Tassen kalten Tee durch den Schlund. Es hatte letzte Nacht tatsächlich Bodenfrost gegeben und demnach war es auch noch richtig frisch draußen. Dick eingepackt ging es los Richtung Bahn. Die Beine waren eine Katastrophe. Klarer Fall von anhaltendem Tiefschlafmodus. Das würden die langsamsten Intervalle ever geben. Auf dem Sportplatz angelangt, pflückte ich mich aus meiner Jacke und machte mich an die Intervalle. Zu meiner Überraschung fühlte sich das schnelle Laufen gar nicht so schlecht an. Verrückterweise besser, als das langsame Warmlaufen hierher. Ein Intervall nach dem anderen arbeitete ich ab. „The kenian way of running" konnte ich heute Morgen nicht spüren. Ich war froh einen gewissen Zug und Flow zu spüren, aber mehr auch nicht. Es war wie jeden Morgen ein wunderschönes Erlebnis, live dabei zu sein, wie die Welt zum Leben erwachte. Die Vögelchen waren an diesem Morgen allerdings ziemlich zurückhaltend. Nach gut der Hälfte der Intervalle bemerkte ich verschiedene Geruchsabschnitte der 400 m Bahn. In der ersten Kurve roch es furchtbar stark nach Pferdeschweiß. Wo zum Henker sollte morgens auf einer 400 m Bahn Pferdeschweiß herkommen? War ich das etwa? Hatte mein Schweiß das Aroma von Pferd angenommen? Oder war es der Anfang einer ausgewachsenen olfaktorischen Halluzination? Was auch immer es war, es hielt sich tapfer in jeder Runde, die ich abspulte. Auf der langen Seite hingegen duftete es nach frisch geschnittener Hecke, was für mich nicht so bedenklich war, wie die Sache mit dem Pferdeschweiß. Ich und mein Gehirn einigten sich darauf, dass die Gerüche genauso real waren, wie die Tatsache, dass ich dienstagmorgens um 6:00 Uhr aufgestanden war, um nüchtern 10 x 400 m Intervalle zu knüppeln. Und natürlich absolut normal. Ich beendete mein letztes Intervall, zog mir meine warme Jacke wieder an und machte mich auf den Heimweg. Die Hände waren trotz Handschuhe ganz steif vor Kälte. Der Rest meines Körpers fühlte sich richtig gut an. Maximal mit Sauerstoff durchflutet und wach. Jetzt unter die heiße Dusche und dann schleunigst an den Trog zum Frühstücken. Es ging nichts über hart erarbeitetes Futter.

Der restliche Tag gestaltete sich hinsichtlich der Nahrungsaufnahme wieder sparsam. Wenige und qualitativ hochwertige Kohlenhydrate, viele wichtige Baustoffe in Form von Eiweiß und wenige, aber gute Fette. Mein Hunger war nicht so dramatisch wie am Tag zuvor, aber auf eine Probe wurde ich dennoch wieder gestellt. Neben der Schokolade auf der Arbeit hatte sich auch ein Blech Kuchen mit Sahne gesellt. Egal wo man hinschaute, überall war verführerisches Futter verfügbar. Ich ignorierte den Kuchen, die Schokolade und die Stimmen in meinem Kopf, die mich von dem Verzehr der Lebensmittel zu überzeugen versuchten. Morgen würde meine Belohnung kommen. Ein Tag mit mehr Fett und noch mehr Eiweiß. Vorfreude ist bekanntlich die größte Freude. Ein Hoch auf die Enthaltsamkeit.

Mittwoch, 05.April 2017
Gewicht: 59,4 kg
Liebes Tagebuch,
man könnte denken, meine Diät habe den Sinn und Zweck, mein Gewicht zu erhöhen. Wenn ich die Hintergründe nicht

wissen würde, dann hätte ich wahrscheinlich heute Morgen auf der Waage geheult. Ich hätte mein wachsendes Gewicht verzweifelt angestarrt und hätte dabei an die Schokolade, den Kuchen und die Sahne gedacht, die ich verschmäht hatte. Dankte mein Stoffwechsel mir diese Eisernheit nun mit einer Gewichtszunahme? Oder hatte ich die hochkalorischen Teile einfach zu lange angestarrt, was bereits ausreichte, um zuzunehmen? Nichts dergleichen war der Fall. Ich befand mich gerade in einer Phase des Wasserspeicherns. Zum Einen hatten meine Beine durch den Reiz der Intervalle etwas Wasser gezogen. Das merkte ich subjektiv an der Spannung und dem dicken Gefühl der Beinmuskulatur. Zum Anderen steckte ich gerade vor der monatlichen Krise eines jeden Weibchens. In dieser Zeit lagert der weibliche Körper grundsätzlich vermehrt Wasser ein. Das sollte jede Dame wissen, die gerade Diät macht, sonst kommt es zu unbegründeten Frustrationen und vielleicht auch zum resignierten Abbruch. Außerdem sollte man in diesem Zusammenhang auch wissen, dass das Verlangen nach Zucker stark zunehmen kann. Dank unseres wilden Hormonhaushaltes sind wir Frauen einfach in sämtlichen Bereichen etwas launisch, auch was die Nahrungsaufnahme angeht.

Aber genug zu diesem Thema, das soll hier ja schließlich kein Ratgeber für Frauenprobleme werden. Für mich stand heute wieder mein kurzer Barfußlauf zur Regeneration an. Um den Lauf mit ein paar Worten zu beschreiben: Es war zäh und ich war so dynamisch wie einer dieser armen Igel, der beim Überqueren einer Landstraße von einem Auto erwischt wurde. Ein Zustand von maximaler Komprimierung und Bodenhaftung. Zum Glück nicht mit der gleichen Endgültigkeit wie der des Igels. Meine Beine waren schwer wie Blei. Die Schwerkraft schien meine Füße auf dem Asphalt festzusaugen. Mit den verstreichenden Metern lief es sich einigermaßen ein. Marathon Training war halt kein rosaroter, nach frischen Brötchen duftender Kuschelzustand. Marathon Training war bisweilen durchaus etwas zäh. Gleichermaßen war es auch befriedigend und bereitete einem viele schöne Momente. Es war wie das Leben. Und das zeichnete es aus. Man ging einen Weg oder viel mehr lief man einen Weg und hatte dabei ein Ziel klar vor Augen. Das hatte man im wahren Leben oft nicht in diesem Maße. Oft dümpelte man durch seinen Alltag und hangelte sich von Wochenende zu Wochenende und von Winterurlaub zu Sommerurlaub. Aber persönliche Ziele, geschweige denn persönliche Entwicklungen wurden dabei selten verfolgt. Die kleinen Erfolgserlebnisse im Leben eines Homo Sapiens resultierten aus dem Erreichen von Zielen. Laufen konnte einem ein kleines Stückchen davon geben. Auch das Ernten von Anerkennung konnte man auf diesem Wege erleben. Und dies war Balsam für unsere Seelen und mit Geld nicht zu bezahlen.

Wir sind Herdentiere, die auf ein gesundes, soziales Netzwerk angewiesen sind. Wir brauchen positives Feedback aus unserer Herde, genauso wie den Sauerstoff zum Atmen. In unserer modernen Welt entfernen wir uns aus dem natürlichen Verbund sozialer Netzwerke und verkümmern in gebückter Haltung über unseren Smartphones. Unsere Aufmerksamkeit und Kommunikationsfähig wird von „Facebook", „Whatsapp" und Co. ausgesaugt und verbraucht. Die artgerechte Form des Miteinanders verkümmert, wie eine Blume im Dunklen. Wir brauchen Menschen in unserer Nähe. Echte Menschen. Keine „Gefällt mir", „Anstupser" oder 2585 virtuelle Freunde. Wir brauchen das warme Lächeln eines Menschen vor uns oder auch mal eine echte Umarmung.

Das mag nun alles nichts mit Marathon und Laufen zu tun haben, aber wenn man viel mit sich in der freien Wildbahn unterwegs war, dann kamen einem viele Gedanken. Einem wurde so manches klar über sich, sein Leben und die Mitmenschen. Laufen räumte den Kopf auf. Und die Seele. Manchmal auch den Darm, wenn man es mit den Intervallen übertrieben hatte und sturzartig im Gebüsch verschwinden musste. Das jähe Ende der Nahrungsreise durch unsere Verdauung. Apropos Ende. Ein gutes Stichwort, um den heutigen Tag zu beenden.

Donnerstag, 06.April 2017
Gewicht: 59,6 kg
Liebes Tagebuch,
mein gestriger Tag hatte noch eine leicht wahnsinnige Prägung. Es fing mit der Absage von einem Seminar an und endete bei einem zerschmetterten Ei auf dem Küchenboden. Was das geringere Übel war, konnte ich im

Zustand meines immer vorherrschenden Hungers nicht sagen. Sofern ich mich richtig erinnerte, war dies das erste rohe Ei, das bei mir den Flugschein gemacht hatte. Mir war nicht klar, wie schwierig es war, die ganze Eiermansche vom Boden zu bekommen. Da hatte sich irgendein armes Hühnchen umsonst ein Ei aus dem Hintern gepresst.

Den restlichen Tag verbrachte ich vornehmlich in passiver Verfassung und bemühte mich, nach dem Eiermaßacker nicht noch ein weiteres Küchenunglück nachzuliefern. Halb abgeschnittene Finger, die durch das verzweifelte Gestocher in einer gefrorenen Banane generiert wurden, hatte ich auch schon erlebt.

Meine Gedanken wanderten immer wieder zu meinem bevorstehenden Tempowechsellauf. Das Wetter sollte schlechter werden und vielleicht würde dies nun der erste morgendliche Nüchternlauf mit Regen werden. Ich stellte mir vor, wie ich meine Tempowechsel motiviert durch den Regen durchzog. Wenn das mal in Natura auch so werden würde. Mein Ruhepuls hatte sich die letzten Wochen immer weiter gesenkt und kratzte nun an der 40er Grenze. So niedrig war er bisher noch nie. Ich fühlte mich auch in der Tat ziemlich tiefenentspannt. Das hatte mittlerweile schon den Charakter einer trägen Landschildkröte. Meine Nacht war wieder vollgepackt mit Tiefschlaf und als der Wecker mich heute Morgen aus den Träumen riss, fühlte ich auch die absolute Power und Dynamik einer Landschildkröte. Vielleicht machte ich insgeheim gerade eine Metamorphose zu einem wechselwarmen, eierlegenden Kriechtier durch. Ich machte mich artgerecht mit kompletter Entschleunigung für meinen Tempowechsellauf fertig. 2 km Einlaufen und dann 5 x 1000 m schnell und 1000 m mittelschnell im Wechsel. Danach dann noch 2 km locker auslaufen. Es hatte tatsächlich geregnet. Der Boden war nass und der Himmel hing voller dicker Wolken. Dem Farbton nach zu urteilen, hing hier noch der ein oder andere Tropfen für mich bereit. Beim Einlaufen fühlte ich mich zwar nicht spritzig, aber zumindest waren die Beine nicht mit erhärtetem Blei gefüllt. Nach 2 km lockerem Traben ging es ab auf den ersten schnellen Kilometer. Es fühlte sich passabel an. Ich zog das Tempo so lange hoch, bis meine Atmung unruhig wurde. Hier war sie, meine anaerobe Schwelle. Ich hielt das Tempo an der „Schnaufschwelle" und wartete auf das Brummen meiner Uhr, die mich von dem schnellen Kilometer erlösen würde. Sie brummte und ich reduzierte das Tempo. Aber nur einen Hauch. Die Atmung wurde langsam wieder ruhiger. Ich zog das Tempo wieder einen Hauch an und hielt die Atmung noch gerade so im kontrollierten Bereich. Der nächste schnelle Kilometer wurde eingeläutet. Ich zog das Tempo wieder hoch, bis ich mit dem Schnaufen anfing. Ein paar Regentropfen benetzten meine Haut. Der Horizont sah durch die dicken Wolken und die Sonnenstrahlen spektakulär schön aus. Ein klarer Himmel hat zwar auch immer etwas Wunderschönes, aber ein Himmel voller Wolkenberge machte einen Sonnenaufgang zu einem faszinierenden Anblick. Ich wechselte von einem Tempo zum nächsten und meine Beine wurden mit jedem Meter immer unrunder. Ich spürte allmählich das Brennen des Laktates. Keine Frage, dies war eine Kumulation der drei bissigen Einheiten seit vergangenem Sonntag. Ich motivierte mich, die letzten Tempowechsel noch rund und flüssig zu ziehen. Meine Gedanken bewegten sich wieder rund um die Nahrungsaufnahme. Das Frühstück näherte sich mit jedem Schritt. Ein gutes Gefühl. Auf dem letzten Kilometer sah ich mein Spiegelbild im Lack eines Autos. Mit meiner orangen Mütze sah ich aus wie einer dieser pimpeligen, sieben Zwerge, aber nicht wie jemand der gerade im Marathontraining war. Ich grinste noch eine Weile über mein Erscheinungsbild und beendete nach 14 km glücklich meinen Tempowechsellauf.

Während ich mein Frühstück zubereitete, fing ich auf einmal an, vor mich hin zu summen. Mir war erst noch nicht klar, was ich da angestimmt hatte. Und dann platzte laut und deutlich der ganze Text aus mir heraus. Ich hörte es und war schockiert. „Ö La Palöma Blanca". Wo hatte mein Gehirn nur diesen Ohrwurm ausgebuddelt? Ich hatte dieses Lied definitiv die letzten 10 Jahre nicht mehr gehört. Mit leicht hysterisch lachendem Unterton sang ich weiter und fühlte mich ein klitzekleines Bisschen manisch. Sollte ich mir wohl Sorgen machen? Erst der vermeintliche Geruch nach Pferdeschweiß auf der 400 m Bahn und nun dieses abgehalfterte Lied der Ö La Palöma Boys. Vielleicht lag es auch nur an meinem pünktlich eingetroffenen, monatlichen

Frauendesaster. Die Hormone der Frau und ihre weitreichenden Auswirkungen auf Körper, Geist und Seele. Beim Frühstück studierte ich dann die Auswertung von meinem Tempowechsellauf. Er war deutlich langsamer als der letzte. Die Intervalle waren in dieser Woche ja ebenfalls langsamer. Das einzige was im Moment eine Steigerung zu verzeichnen hatte, war mein Körpergewicht. Alles andere entwickelte sich rückläufig. Aber auch diese Tatsache entmutigte mich nicht. Ich hatte mein Ziel fest im Auge und wenn der Weg dorthin etwas steinig werden würde, dann gehörte das dazu. Ich durfte nur den Zustand chronischen Übertrainings nicht übersehen.

Freitag, 07.April 2017
Gewicht: 58,8 kg
Liebes Tagebuch,
ich habe das Gefühl, bereits seit einem halben Jahr zu trainieren. Habe ich jemals morgens keine Einheiten geschrubbt? Gab es eine Zeit ohne Tempowechsellauf, Intervalltraining und langen Läufen? Ich kann mich nicht erinnern. Heute Morgen stand nur ein Erholungslauf in meinen Barfußtretern an. Danach gab es mein lustiges Best of Workout. Meine Fähigkeit Liegestütze und Co. abzuarbeiten, wurde immer schlechter. Ich zog es zwar immer bis zum Schluss durch, aber die Spezifik in Sachen Marathontraining war nicht zu leugnen. Wenn ich mit dem Vivawest Marathon fertig bin, werde ich mich zum Ausgleich erst mal exzessiv in Workouts stürzen. Ein klein

wenig fehlte mir das Gefühl, das man nach einem harten Workout hatte. Aber ich möchte jetzt einen Marathon laufen und deswegen musste ich lernen, lange zu laufen. So einfach war das. Einen dicken Trizeps benötigte ich dafür nicht. Und ein klein wenig Workout Feeling blieb mir ja zum Glück erhalten.

Morgen früh würde ich mich wieder bei Büchsenlicht auf meinen langen Lauf begeben. Ich hoffte, dass es nicht zu zäh werden würde. Diese Woche hatte schon einige Körner gefressen. Das war halt Marathontraining.

Samstag, 8.April 2017

Gewicht: 58,2 kg

Liebes Tagebuch,

so langsam habe ich das ganze Wasser, das ich durch hormonelle Einflüsse gebunden hatte, wieder abgelassen. Heute Morgen klingelte der Wecker um zehn vor sechs und holte mich aus den absurdesten Träumen überhaupt. Ich würde mich gerne mal mit dem Regisseur meiner Träume unterhalten. Das war bestimmt ein total durch geknallter Psychopath. Nach dem ich also die irren Träume im Bett zurück gelassen hatte, machte ich mich bereit für den langen Lauf. Ich hatte mich darauf eingestellt, dass es heute ein echter Kampf werden würde. Aber wie so oft schon erwähnt, Marathontraining war weder ein Kindergeburtstag, noch ein Ponyhof und schon gar kein Wellness Wochenende auf Sylt. Mit Melkfett präpariert und bereit, die 30 km unter die Treter zu nehmen, begab ich mich im Halbdunklen auf den Weg. Es sollte die gleiche Strecke werden, wie beim letzten Mal. So konnte ich die beiden Einheiten besser mit einander vergleichen. Die Beine fühlten sich gut an. Damit hatte ich nicht gerechnet. Mein Hunger hielt sich in Grenzen. Nach dem ich heute Nacht ein paar Mal aus meinen skurrilen Träumen aufgewacht war, hatte mein Magen schon schwer Krawall geschoben. Jetzt ging es zum Glück. Leichter Sprühregen nieselte auf mich herab. Hoffentlich würde er sich nicht zu einem ausgewachsenen Regen entwickeln. Der Himmel sah zwar wolkenbehangen aus, aber eigentlich friedlich. Ich lief gedanklich auf den Spuren meines letzten 30ers. Mein Körper fühlte sich gut an. Mit viel Phantasie konnte ich das kenianische Feuer spüren. Nach der Hälfte meiner ersten Runde machten sich langsam meine Strukturen bemerkbar. Keine wirklichen Schmerzen, aber ein Zeichen der Belastungen der letzten Woche. Der Puls war zum Glück ok und das Tempo sogar höher, als beim letzten 30er.

Nach 14 km war ich wieder zu Hause und machte eine ganz kurze Trinkpause. Meine Durchschnittspace dieser Rundehatte bei 5:39 min/km gelegen. Aber wie war das noch gleich? Den Tag nicht vor dem Abend loben! Ich machte mich auf meine zweite Runde. Die Strukturen wurden tatsächlich immer spürbarer. Aber zum Glück folgten nach dem langen Lauf zwei ruhige Tage. Die zweite Runde fühlte sich subjektiv wesentlich zäher an, als letzte Woche. Aber man durfte auch nicht vergessen, dass ich drei Wochen anstrengendes Training hinter mir hatte und davor einen genauso zehrenden Kenia Aufenthalt. Da kam dann irgendwann der Kerl mit dem Hammer. Der „Trainings-Hammermann" so zu sagen. Ich versuchte immer wieder den dynamischen Laufstil der Kenianer zu spüren, auch wenn ich mit viel Mühe nur einen billigen Abklatsch davon auf den Asphalt bekam. Aber der Glaube versetzte ja bekanntlich Berge und deswegen visualisierte ich immer wieder diese Leichtigkeit und Spritzigkeit. Meine Strukturen säuselten leicht benommen vor sich hin. Während ich von den Flugphasen der Kenianer träumte, sehnten sie sich eine Couch herbei. Ich zog weiter. Die zweite Runde neigte sich dem Ende. Hier war der Moment für Qualität gekommen. Also los. 5:00 min/km. Wenn ich den Marathon unter 3:30 laufen wollte, dann müsste ich 42,195 km noch schneller laufen. Irgendwie unvorstellbar, wie das gehen soll. Mir schmierte das Tempo etwas ab auf 5:10 min/km und hin und wieder 5:20 min/km. Aber da ich ja nicht zur der Gattung Läufer gehörte, die nur auf den Tacho guckte, war es mir auch egal. Ich versuchte beim Laufen ein bestimmtes Gefühl zu erreichen. Einen gewissen Zug oder man könnte auch Flow sagen. Eine Eigendynamik zwischen Körper, Geist und Seele, bei der man einfach nur noch läuft, nicht mehr denkt oder Diskussionen mit seinem Schweinehund führt. Der letzte Kilometer der zweiten Runde war angebrochen. Ich zog das Tempo noch mal an. „All out!" 4:07 min/km ging noch. Ich hielt das Tempo den ganzen Kilometer unter 4:20 min/km. Die Strukturen hatten sich abgemeldet. Ich merkte außer einem plötzlich einschießenden Drang auf Toilette nichts mehr. Da waren nur noch mein Atem, die Schritte auf dem Asphalt und ein fokussierter Blick nach vorne. Toilette, ich komme!

Ich beendete meine zweite Runde maximal zufrieden und belohnte meinen Körper mit Kamillentee inklusive Maltodextrin, einem Red Bull und einem ausgiebigen Toilettengang. Befriedigung auf allen Ebenen. Frisch betankt und entleert habe ich mich dann noch locker drei Kilometer ausgelaufen. Die Beine fühlten sich nach dem Endspurt ziemlich krass an. Während ich probierte, meine Beinchen locker auszutraben, wanderten meine Gedanken zu ihrem Lieblingsthema. Essen. Oh was freute ich mich jetzt auf das restliche Red Bull und mein Frühstück. Der Gedanke an meine kreativen Essenskonstellationen weckte jede ortsansässige Speicheldrüse. Ich beendete meinen Lauf und tauchte glücklich und zufrieden ein in den entspannten Part des Wochenendes.

Sonntag, 09.April 2017
Gewicht: 58, 4 kg
Liebes Tagebuch,
ein Tag im Zeichen der Erholung und Regeneration liegt hinter mir. Als ich heute Morgen bereits um 6:00 Uhr meine Augen öffnete, kam mir eine grandiose Idee. Da heute trainingsfrei war und es mir irgendwie falsch vor kam direkt zu frühstücken, habe ich spontan eine Nüchterneinheit Sauna eingeschoben. Gemäß dem Motto „ohne Schweiß kein Preis" oder viel mehr „ohne Schweiß kein Frühstück".

Den restlichen Tag habe ich mich dann brav nicht schweißtreibenden Tätigkeiten hingegeben. Hin und wieder habe ich ein wenig über mich und das Leben nach gedacht. Meine Gedankengänge waren auf Grund der sehr frühen Hitzebelastung meines Hirns in der Sauna ein wenig gewöhnungsbedürftig.

Diverse Selbstreflektionen ergaben, dass ich bei vielen Dingen immer gewillt war, es allen Menschen Recht zu machen. Meinem nüchternen Menschenverstand, also das was noch keinen Hitzeschaden erlitten hatte, war durchaus klar, dass das nicht ging. Egal wie sehr man sich bemühen würde, irgendjemandem würde man mit seinem Verhalten mächtig auf den Sack gehen. Aber dennoch hatte ich in meinem Leben jeden Tag das Bestreben, jedem Menschen zu gefallen und ihm im besten Falle eine Spur Freude zu vermitteln. Ich hatte mir in meinem Alltag das Ziel gesetzt, jeden Menschen vor mir zum Lächeln zu bringen. In den letzten Jahren musste ich die bittere Erfahrung machen, dass Menschen sehr manipulativ waren und man mit seiner positiven Einstellung nicht in jedes Herz vordringen konnte. Ich musste durch eine steinige Zeit der Selbstzweifel, in der ich lernen musste mir selbst zu vertrauen und nicht auf alles zu hören, was andere mir sagten. Ich dachte bei meinen Läufen viel über den Sinn meines Lebens nach und kam nie zu einem Ergebnis. Wahrscheinlich werde ich das auch nie. Doch eines habe ich gelernt in meinem unspektakulären Erdendasein. Man sollte zu jedem Zeitpunkt das tun, was man selbst möchte. Und dies war gar nicht so einfach. Denn was wollte man selbst? Was kam aus seinem tiefsten Inneren und was entstand nur aus manipulativen Suggestionen des Umfeldes? Was tat man aus reinem Herdentrieb und was, weil man sich einfach danach fühlte? Die Frage lässt sich nur schwer beantworten. Der Großteil unseres Wesens ist verschlüsselt in unbewussten Empfindungen und nicht in klaren Gedanken. Eine Frage, die man sich im Alltag einfach öfters mal selbst stellen konnte war: „Ist mir egal, was meine Mitmenschen denken bei dem was ich tue?" Wenn man Dinge aus tiefster Überzeugung heraus macht, dann war einem in der Regel egal, ob man damit auf Zuspruch oder Ablehnung stieß. Wenn man aber hingegen nur Dinge tat, um Zuspruch zu erhalten, lag der Verdacht nahe, dass man nicht sein eigenes Leben lebte. Ein fremdes Leben zu leben macht einen auf kurz oder lang unglücklich und unerfüllt. So viel war sicher. Ob ein erfülltes und glückliches Leben der Sinn des Lebens war, weiß ich nicht zu beantworten. Aber zumindest schien es sinnvoller als ein unglückliches Leben. Zumal es ja das Selbe kostete.

Montag, 10.April 2017
Gewicht: 58,6 kg
Liebes Tagebuch,
heute Morgen dachte ich, dass mein Wecker sich einen schlechten Scherz erlaubt hatte. Als er klingelte war ich noch nicht im Ansatz bereit für den Alltag. Meine Augen klebten wie mit Pattex zusammen und meinem Hirn entglitt

ein garstiges „Neeeeeeeeiiiiiiiiin". Ich riss reflexartig die Bettdecke über den Kopf, um mich vor dem Getöse des Weckers zu schützen. Ich wehrte mich geschlagene zehn Minuten gegen das Aufstehen und robbte dann widerwillig aus dem gemütlichen Nest. Irgendwie war es gestern Abend etwas später geworden. Meine Tiefschlafzeit die letzte Nacht hielt sich ziemlich in Grenzen. Und so fühlte ich mich nun. Hatte ich nicht gestern einen Ruhetag? Großer Gott, ich war platt wie eine Flunder. Zum Glück gab es heute nur einen Leguanolauf und ein kurzes Kettlebell Workout. Bis ich endlich angezogen vor der Haustür stand, war es tatsächlich schon hell. Die Beine fühlten sich beim Traben müde an. Genau wie der Rest des Körpers. Das Gesicht und die Augen wirkten betrunken. Ich hatte doch gar nicht gesoffen. Nach drei ruhigen Kilometern ging es dann in meine Muckibude. Bevor ich mir meine Kettlebell schnappte, machte ich noch ein kurzes Mobilisationsprogramm. Die letzten beiden Wochen hatte ich immer die 8 kg Kettlebell durch die Gegend geschleudert. Heute wollte ich trotz Müdigkeit die 12 kg Kettlebell stemmen. Ich rechnete damit, nach der Hälfte der Zeit vor Erschöpfung zusammen zu brechen. Daher stellte ich mir die 8 kg Kettlebell als „Schwäche Option" auch bereit. Schnaufend arbeitete ich mich durch die verschiedenen Übungen und beendete nach etwas über 11 Minuten mein Workout, ohne auf die „Luschi Kettlebell" ausweichen zu müssen. Danach habe ich mich natürlich noch brav gedehnt und mich etwas mit Flow Yoga beglückt.

Die letzten beiden Tätigkeiten erforderten für mich immer etwas Disziplin. Da schrie jedes Mal mein Schweinhund laut auf und zitierte mich direkt zum Frühstück. Aber da es auch wichtig war, ignorierte ich den Schweinepriester und machte dennoch diese unspektakulären Entspannungstätigkeiten. Den restlichen Tag habe ich damit verbracht, die Augen auf zu halten und mein reduziertes Lieblingsfutter zu verputzen. Geistige Abschweifungen gab es heute auf Grund der geringen Arbeitstätigkeit meines Gehirns nicht, daher war es das für heute. Wir sehen uns morgen zum Intervalltraining.

Dienstag, 11. April 2017
Gewicht: 58,6 kg
Liebes Tagebuch,
bevor der Wecker heute mit seinem alltäglichen Radau beginnen konnte, öffnete ich meine Augen. Ich war wach und ausgeschlafen. Und das tatsächlich vor 6:00 Uhr. Ich erinnerte mich an meinen Trainingsplan. 10 x 400 m Intervalle standen an. Je länger ich darüber nachdachte, desto weniger sicher war ich mir hinsichtlich meiner Wachheit. Vielleicht sollte ich doch lieber schnell wieder einschlafen. Ein Blick auf die Uhr verriet mir allerdings, dass es bereits 5:57 Uhr war. Gleich würde der Wecker seinen Senf dazu geben und mich auffordern aufzustehen, um meinen Körper über die Bahn zu scheuchen. Ich hatte den Gedanken gerade zu Ende gedacht, da dudelte der Wecker auch schon los. Dann mal raus aus den Federn. Es hatte

einen leichten Temperatursturz gegeben und sogar wieder Nachtfrost. Ich zog mir ein paar warme Schichten obenrum und eine ¾ Hose unten rum an. Das sollte ausreichen. Ich lief los. Es war bereits hell und der Horizont war mal wieder was für Mädchen. In einem grellen pink kündigte er den bevorstehenden Tag an. Die Temperaturen waren alles andere als pink. Es war richtig kalt. Ich erreichte die Bahn und zog mir dennoch meine Jacke aus. Beim Ballern wird einem ja doch immer etwas warm. Ich begann mein erstes Intervall. Die Bahn schien mir heute noch unebener als je zuvor. Die Beine fühlten sich noch leicht belastet an. Ich konzentrierte mich wieder mein Tempo zu finden. Geschafft, Nr. 1 von 10 war erledigt. Kurze Gehpause und dann wieder los. Mir fiel auf, dass es heute gar nicht nach Pferdeschweiß roch. Dann hatte ich Nr. 2 geschafft. Meine Gedanken lösten sich mit jeder weiteren Runde auf. Ich lief einfach nur noch meine Runden. Eine nach der anderen. Ich dachte noch nicht einmal an mein Essen. Ich rannte nur noch. Die Beine brannten. Die letzten Intervalle wurden immer schwerfälliger. So musste das sein. Ich versuchte dennoch alles raus zu hauen. Ich beendete schnaufend mein letztes Intervall und rang nach Luft. Training für heute war erledigt. Jetzt nur noch nach Hause traben und dann essen. Und nicht nur für heute hatte ich mein Soll erfüllt. Für diese Woche hatte ich die letzte anstrengende Einheit abgearbeitet. Jetzt gab es bis zum Paderborner Osterlauf nur noch lockeres Jogging. Und bis einschließlich Donnerstag würde es nur reduziertes, kohlenhydratarmes

Futter geben. Und dann würde es Freitag und Samstag ziemlich süß werden. Carboloading für den Halbmarathon.
Als ich mich auf den Weg zur Arbeit machte, wurde ich nochmal von der Kälte schockgefrostet. Was war das kalt. Ich hoffte, dass es Samstag beim Halbmarathon etwas wärmer werden würde. Die Aussichten sahen zwar nicht danach aus, aber vielleicht würde sich Petrus spontan erbarmen und es doch etwas wärmer machen. Als ich mein Fahrrad abstellte, sah ich neben den Fahrradständern zwei Obdachlose, wie sie sich aus ihren Schlafsäcken aufgerichtet hatten, um ihr Frühstück einzunehmen. Großer Gott, ich würde erfrieren. Ich wühlte in meinen Taschen nach Kleingeld. Mir war spontan danach, ihnen einen Euro zu geben, damit sie sich einen Kaffee kaufen konnten. Ich gab ihnen den Euro und sagte ihnen, sie sollen sich einen heißen Kaffee holen. Sie freuten sich. Ich dachte darüber nach, was ich da gerade getan hatte. Wahrscheinlich würden sie sich wohl eher ein Bier davon kaufen. Ob meine Tat jetzt gut war oder nicht, wusste ich nicht. Ich hatte spontan Mitleid und wollte irgendwas tun. Ich dachte noch eine Weile über das perspektivlose Leben mancher Menschen nach. War es denn wirklich perspektivlos oder hatte jeder Mensch das Ruder seines Lebens in der Hand? In einem war ich mir allerdings sicher, mein Euro hatte nichts an der Perspektive der beiden geändert. Vielleicht war es für die Beiden mehr von Bedeutung, dass ein Mensch aus dem „normalen System" ihnen eine freundliche Geste entgegen gebracht hatte.

Schicksal oder Chancen? Was bestimmte unser Leben? Vielleicht eine Mischung aus Beidem. Ich für meinen Teil wollte in meinem Leben dankbar die Chancen wahrnehmen, die ich hatte. Und das jeden Tag. Wir brauchten kein Neujahr, um neue Vorsätze zu fassen. Wir konnten immer etwas ändern. Unser Denken und Handeln benötigte keine langen Anträge oder Vorbereitungszeiten. Man konnte immer und überall direkt etwas ändern. Jetzt. Und nur jetzt war der Moment des Seins.

Und ebenso spürte ich jetzt den Muskelkater der 12 kg Kettlebell. Oh, wie sehr ich diesen Schmerz liebte. Ich war keinesfalls Masochist oder so, aber Muskelkater empfand ich als eine wunderbare Ernte von gesätem Training. Apropos Training. Nach einem ausführlichen Vergleich der Intervalle von heute mit denen der vergangenen Woche, habe ich eine marginale Verbesserung diagnostiziert. Im Durchschnitt hatte ich diese Woche 1:34,3 Minuten benötigt und letzte Woche 1:34,7 Minuten. Diese Woche konnte ich sogar auf meinem letzten Intervall noch richtig einen raushauen. Letzte Woche war ich dagegen auf meinem letzten Intervall richtig verreckt. Nun werde ich mich in den nächsten Stunden meiner Regeneration widmen, Nahrungsaufnahme und Schlafen inbegriffen.

Mittwoch, 12.April 2017

Gewicht: 58,2 kg

Liebes Tagebuch,

ich habe mir letzten Abend tatsächlich seit Ewigkeiten eine DVD reingezogen. Ich wollte einmal nicht mit schwerem Stoff den Abend beschließen. Kein Lernstoff, keine Gedanken an meine Selbstständigkeit, keine Abschlussarbeit. Dies sind Themen, die ich hier bisher auch gänzlich verschwiegen habe und es auch nicht weiter thematisieren werde. Ist auch viel zu langweilig. Ich hatte mich vor meine kleine DVD Auswahl gestellt und einfach mal drauf los gefühlt. Wonach war mir? Meine Augen erblickten Bridget Jones. Oh ja, das wäre jetzt genau das Richtige! Ich knäulte mich auf die Couch, machte mir unplanmäßiges Extrafutter und ließ die Sau raus. Man musste auch mal total ausrasten. Die letzten Zeilen lesen sich übrigens mit einer gewaltigen Portion Ironie. Ich genoss den Anblick und die Peinlichkeit der lieben Bridget in allen Zügen. Ihre nicht vorhandene Selbstdisziplin war genau das Gegenteil meines derzeitigen Zustandes. Sie ließ sich einfach in sämtlichen Lebensbereichen gehen. Wann hatte ich mich das letzte Mal so richtig gehen lassen? Wenn man die Intervalle außen vor lässt, dann wüsste ich nicht wann. Nun gut, mein Verhalten war keineswegs in Anlehnung an Mainstream Normen, aber so krass wie Bridget hatte ich mich in meiner bisherigen Existenz noch nicht verhalten. Ich versank tief in dem von Peinlichkeit geprägten Leben von Bridget Jones. Es hatte was

Erfrischendes, einmal kurz Abstand von seinem Leben zu bekommen. Nach dem Film strömte wieder mein eigenes Leben in mein Gedankengut. Ich freute mich, nicht Bridget zu sein. Ich freute mich, Marion zu sein. Ich freute mich über mein Training, mein Futter und mein Leben.

Heute Morgen hatte ich dann wieder einen regenerativen Leguanolauf und einen 15 minütigem Brückenzirkel vor mir. Meine Beine fühlten sich beim Laufen irgendwie richtig frisch und dynamisch an. Das hatten sie in der Form schon länger nicht mehr. Der Rest war allerdings etwas müde. Aber nun ja, irgendwas war ja immer. Der anschließende Brückenzirkel lief recht geschmeidig. Nach meinem Belohnungsfrühstück ging es dann zur Arbeit und meine Müdigkeit wurde mir beinahe zum Verhängnis. Vollkommen gedankenversunken hatte ich einer Herde Schafe beim Spielen zugeschaut. Dabei hatte ich einen ziemlich zügig heran nahenden Bus übersehen. Um Haaresbreite hätte er mich, wie eine Tontaube beim Schießen, von der Bahn gepustet. Zum Glück hatte ich noch einen Restfunken Aufmerksamkeit und sah den Bus noch rechtzeitig.

Heute stand ein Termin in einem Altersheim an und wenn ich ankommen wollte, dann musste ich mal etwas wacher werden. Ich war hin und wieder zum Kompressionsstrümpfe anmessen im „Außendienst" unterwegs. Mein heutiger Besuch im Altersheim hatte mich gleich mehrfach schwer berührt. Ich kam in das Foyer des Heimes und mein Blick fiel auf das offene Totenbuch. Ich studierte den Namen. Er war mir nicht nur fremd, sondern wirkte auch viel zu jung. Ich sah auf den Jahrgang. 2000. Das war eine Todesanzeige von einem 17 jährigen Mädchen. Mir lief ein Schauer über den Rücken. Auf der anderen Seite des Buches war auch ein Bild von dem Mädchen abgebildet. Ein junges, hübsches und modernes Mädchen, das einem auch hätte in der Nagellackabteilung in der Drogerie begegnen können. Welches Schicksal hatte sie wohl ereilt?

Ich suchte das Zimmer meiner Patientin auf, um die Strümpfe anzumessen. Die Dame kannte ich schon seit vielen Jahren. Sie war schon längere Zeit sehr dement. Ich betrat das Zimmer der Dame und wurde empfangen von einem leeren Blick. Ich erklärte ihr mein Anliegen. Sie setzte sich auf ihr Bett und ich begann das Vermessen ihrer Beine. Über ihrem Bett hingen ein paar Portrait Bilder. Unter den Bildern stand in großen Buchstaben der jeweilige Vorname. Ganz links hing ein Bild von ihrem Mann. Auch bei ihm stand der Vorname dran. Die Dame war wohl so dement, dass sie selbst ihn nicht mehr kannte. Das war natürlich keine Seltenheit, aber dennoch traf es mich. Wie auf Knopfdruck dudelte ein Lied in meinem Kopf los. „Wenn sie diesen Tango hört, vergisst sie die Zeit. Wie sie jetzt lebt ist weit. Weit entfernt. Wie ein längst verglühter Stern" Ich bekam eine Gänsehaut. Bei diesem Lied hatte ich schon die eine oder andere Träne in meinem Leben verdrückt. Zu traurig war dieser Text. Die Dame vor mir hatte nicht nur die Zeit vergessen, sondern ihr ganzes Leben und ihre ganze

Familie. Sie führte nur noch ein Schattendasein in einem Körper, der jeden Tag ein Stück mehr an Lebensenergie verlor. Ich beendete meinen Job an ihren Beinen, zog ihr die Schühchen wieder an, blickte ihr noch ein letztes Mal tief in die Augen und wünschte ihr alles Gute. Wahrscheinlich war das wohl mein letzter Besuch bei Ihr. Ich ging zurück und lauschte noch ein wenig dem Lied in meinem Kopf. Im Laufe des Tages erfuhr ich noch, was es mit dem 17 jährigen Mädchen auf sich hatte. Sie war die Tochter des Hausmeisters und war an einem untypisch, starken Fall von EHEC erkrankt und gestorben. Und da war sie wieder, die Bewusstheit über Leben und Tod. Ob man auf dem Weg zur Arbeit von einem Bus überfahren wurde oder ob man einem tödlichen Erreger zum Opfer fiel, ein gesundes Leben war nicht selbstverständlich und jeder neue Tag war ein Geschenk voller Möglichkeiten.

Donnerstag, 13.April 2017
Gewicht: 58,8 kg
Liebes Tagebuch,
ich weiß, dass es durchaus Tabuthemen gibt, über die man vielleicht nicht schreiben sollte, aber dennoch werde ich es tun. Ich werde mir Mühe geben, es in einem angemessenen Stil zu tun, aber es muss sein. Der Grund warum ich heute etwas schwerer war, liegt in der Frequenz meiner Stuhlentleerungen. Wahrscheinlich habe ich allein mit diesem Wort nun jegliche „Knigge Richtlinien" mit einem Mal zerschmettert. Wie dem auch sei, am gestrigen Tage

hatte meine Verdauung leider kein größeres Geschäft für mich. Macht ja nix. Aber heute hatte ich dafür einen richtigen Abenteuerurlaub auf der Toilette. Ich möchte eigentlich keine Toilettengeschichten zum Besten geben, aber in diesem Fall war es einfach überwältigend. Ich unterdrücke gerade beim Schreiben einen wahnsinnigen Schwall hysterischen Lachens, weil es so absurd war. Ich werde mich nicht in Details verrennen, aber es sei nur gesagt, dass ich Angst um die Kanalisation hatte. Dort knallte nun ein massives, U-bootartiges Geschoss durch die Leitungen. Meinen Gürtel konnte ich danach gleich zwei Loch enger schnallen. Das sollte reichen. Kehren wir in die Gefilde oberhalb der Gürtellinie zurück.

Mein Lauf heute Morgen war recht saftig. Die Beine fühlten sich gut an. Ich durfte 30 Minuten locker durch die Gegend traben und dabei fünf Steigerungen laufen. Es fühlte sich alles recht gut an. Bis auf meinen Rücken, der sich tatsächlich seit zwei Nächten wieder zurück gemeldet hat. Er war eigentlich so gut wie neu, aber nun hat er wieder etwas zu melden. Extrovertierter Kerl. Das wird sich auch wieder legen. Bestimmt. Vielleicht. Mal sehen. Oder auch nicht.

Für den restlichen Tag hatte ich mir in großen Buchstaben das Wort Wellness auf die Fahne geschrieben. Sofern das in einem Arbeitstag umzusetzen war. Außerdem hatte ich mir in den letzten Tagen bei meinen vielen tiefsinnigen Gedankengängen überlegt, ein Spiel zu spielen. Und zwar überlegte ich mir morgens, was ich an diesem Tag gerne erleben wollte. Eine schöne Kleinigkeit. Ob es sich um eine Tätigkeit oder einen Gegenstand handelte, war egal. Irgendetwas, über das ich mich freuen würde. Das Spiel besaß viele Schwierigkeiten. Es ging schon dabei los, dass mir gar nichts einfiel. Mir fielen nur große Dinge ein, die ich gerne hätte. Aber eine reelle Alltagskleinigkeit war gar nicht so leicht zu finden. Für heute wollte ich einen ganz bestimmten Zustand spüren. Ich wollte mal so richtig albern lachen und dabei vergessen zu atmen. So richtig mit Wangen- und Bauchkrämpfen. Wann hatte ich sowas das letzte Mal gehabt? Streng genommen hatte ich natürlich mit meinem Jack Pott auf dem stillen Örtchen schon ziemlich gut vorgelegt. Aber ich wollte noch mehr. Da musste noch was drin sein. Also nicht in meinem Darm, da konnte nix mehr drin sein. Aber in Sachen „Lach Amok" musste noch etwas raus zu holen sein.

Auf dem Weg zur Arbeit stellte ich seit Ewigkeiten mal wieder das Radio an. Ich drehte die Musik laut auf und quakte unrhythmisch das Lied mit. Ich leierte mehr schlecht als Recht vor mich hin und wurde dabei immer leiser. Ich hatte plötzlich Bock auf Mango. Ich brauchte Mango. Oh ja, ich würde meine Wunschkleinigkeit einfach auf eine ordinäre Mango ändern. Das war einfach. Ich sprang auf dem Weg zur Arbeit in einem Supermarkt rein und kaufte mir gleich zwei Mangos. Und passierte Tomaten, denn morgen stand ein fabelhafter Tag mit Kohlenhydraten an. Das bedeutete Nudeln, Reis und Tomatensauce. Mit einem Grinsen im Gesicht und einem Mund voller

Speichelvorfreude schlappte ich zur Kasse. Es war wundervoll, Essen so bewusst und gezielt zu nutzen und zu genießen. Ich bezahlte meine 3,83 € und hatte spontan noch ein weiteres Ziel. Da ja morgen frei war und relax auf dem Plan stand, benötigte ich eine seichte Unterhaltung. Wie wäre es mit einer neuen DVD? Ich steuerte eine hiesige Bücherei an und durchstöberte die üppige DVD Auswahl. Innerhalb von Bruchteilen einer Sekunde hatte ich gleich drei DVDs in den Händen und konnte mich nicht entscheiden. Kurz entschlossen nahm ich alle drei und ging schnell zur Kasse, bevor der letzte Osteransturm kommen würde. Ich stellte mich an die Kasse und tatsächlich baute sich direkt hinter mir eine Schlange auf, die sich bis tief in die Bücherei erstreckte. So schnell hatte ich nicht mit dem finalen Ostershopping gerechnet. Während ich wartete, ließ ich meinen Blick durch die vollen Buchregale schweifen. Es gab so wahnsinnig viele Bücher und das zu jedem Thema. Und auf diesen übervollen Markt wollte ich nun meinen unspektakulären, mittelscharfen Senf auch noch dazu geben? Nun ja, mein Ziel war es ja schließlich nicht, in die Bestseller Listen zu gelangen, geschweige denn damit reich und berühmt zu werden. Ich hatte mir halt einfach in den Kopf gesetzt, ein Buch zu schreiben, weil ich gerne schrieb. Und deswegen würde ich mit meinen verbalen Absonderungen einfach weiter machen. Und wenn ich mit meinen Worten nur ein einziges Leserhirn beglücken würde, dann hätte ich schon viel erreicht.

Nach meiner DVD Eroberung ging es dann endlich eine Rutsche arbeiten, was relativ ruhig von statten ging. Mein Körper fühlte sich trotz der Schmuseeinheit ziemlich müde an. Er fühlte sich streng genommen nach Mittagsschlaf an. Nach einem wenig anstrengenden Arbeitstag ging es nach Hause, um dort auch noch etwas Home Office zu betreiben. Ein paar meiner Gehirnzellen beschäftigen sich indes mit der alles entscheidenden Frage „Welche DVD würde ich an diesem Abend gucken?" Die Antwort war schnell gefunden. Mir war nach lachen und deswegen musste der dritte Teil von Bridget Jones dran glauben. Ich war ja ohnehin schon drin im Thema, da ich mir vor ein paar Tagen den zweiten Teil reingezogen hatte. Also knüpfte ich dort an und wer weiß, vielleicht würde ich damit in einen Zustand hysterischer Lachanfälle eintauchen. Nach einem üppigen Salat mit Hackfleisch und Ei machte ich es mir mit einer Tasse entkoffeiniertem Kaffee auf der Couch gemütlich. Oh man, was war ich ein langweiliger Schlumpf. Kein Alkohol, keine Süßigkeiten und schon gar keine Party oder andere ausschweifenden Abendtätigkeiten. Aber wie war das noch gleich? Jeder war sein Glückes Schmied. Und zufrieden und glücklich war ich nun mal. Also, kein Grund irritiert zu sein auf Grund der abweichenden Freizeit- und Nachtgestaltung des eigenen Individuums. Der Film brachte mich mehrfach in den Zustand ausgelassenen Lachens. Das Atmen vergaß ich allerdings nicht. Krämpfe in diversen Lachmuskeln konnte ich ebenfalls nicht akquirieren. Stattdessen rührte mich der Film auch noch auf einer anderen emotionalen

Ebene, die mich zum Heulen brachte. Da lag nun der kleine, langweilige Schlumpf mit seinem Möchtegern Kaffee unter einer beigen Wolldecke und schluchzte still vor sich hin. Zum Glück war es nicht die Form traurigen Heulens, sondern mehr die Kategorie glücklichen Heulens. Man könnte es auch „Frauen Heulen" nennen. Denn meines Wissens praktizieren Männer nur die Form traurigen Heulens. Wahrscheinlich war dieses Verhalten nur uns Weibchen vorbehalten. Ich hatte in jedem Fall einen sehr unterhaltsamen Abend mit Bridget und legte mich dann für meine Verhältnisse mächtig spät ins Bett. Morgen konnte ich schließlich ausschlafen. Time to relax.

Freitag, 14.April 2017
Gewicht: 58,0 kg
Liebes Tagebuch,
ich habe meinen Gewichtstiefstand erreicht. Ich sag nur 800 g von gestern auf heute. Ich hoffte, dass gestern keine Kanalisationsbewohner zu Schaden gekommen waren. Meine Nacht war etwas durchwachsen. Um 3:00 Uhr tat mir mein Rücken mal wieder so weh, dass ich die Schlafruhe kurzzeitig unterbrechen musste. Ich dachte viel über die Ursache dieser Probleme nach. Es war in jedem Fall ein muskuläres Problem, da ich mit entspannter Rückenmuskulatur keinerlei Schmerzen hatte. Als das Problem vor ein paar Monaten begonnen hatte, war ich kurz darauf auf einem Seminar. Dort war auch ein Chiropraktiker. Er hatte mich angeschaut und gesagt, dass

ich hier und da schief sei. Er legte mich auf eine der Behandlungsliegen und renkte mich ein, dass es laut und heftig krachte. Und das auch in meinem Brustwirbelsäulenbereich. In der folgenden Nacht hatte ich noch schlimmere Schmerzen als je zuvor. Seit dem plage ich mich damit rum. Grundsätzlich hatte ich vor meinem Verdrehen dort nie Schwierigkeiten. Über den Tag lockerte sich die Muskulatur auch immer schön und alles war gut. Das nächtliche Liegen führte aber zu einer Verspannung, die mich irgendwann vor Schmerzen aus dem Schlaf holte. Wahrscheinlich lag es einfach am Alter. Bevor ich 33 war, hatte ich so ein Gedöns nicht. Aber genug zu den Gebrechen des Alterns.

Mein Tag bestand heute aus regenerieren. Ich stand für meine Verhältnisse ultraspät auf. 7:40 Uhr um genau zu sein und tat das einzig Wahre, um den Tag mit maximaler Aufmerksamkeit zu beginnen. Ich bürstete zuerst meinen Körper mit einer harten Bürste ab, um die Durchblutung der Haut anzuregen. Und um die restliche Durchblutung auch noch auf die Palme zu treiben, stellte ich mich unter eine eiskalte Dusche. Meine Haut zog sich zu einer Gänsehautpelle zusammen und ich japste reflektorisch nach Luft. Laut einer interessanten Studie produzierte man genau hierbei braunes Fettgewebe. Das bedeutete, dass man sein weißes, inaktives Fettgewebe in braunes, thermoaktives und kalorienverbrennendes Fettgewebe umbaute. Von den neu gewonnenen braunen Fettzellen merkte ich nicht viel, allerdings hatte ich den Zustand absoluter Wachheit erreicht. Ich zog mich an und ging in den Garten. Obwohl es sich für mich schon super spät anfühlte, waren überall die Rollläden noch unten. Von den Nachbarn hatte anscheinend noch keiner eine eiskalte Dusche genossen. Höchstwahrscheinlich würden sie dies auch nicht bei hochgezogenen Rollläden hinter sich haben. Ich versuchte möglichst weit zu gucken und meine Augen richtig in ihren Höhlen kreisen zu lassen. Dies hörte sich nicht nur verrückt an, sondern sah auch ziemlich verrückt aus. Aber Fakt ist, dass wir unsere Augen nicht mehr ausreichend nutzen. Unsere Augen sind dafür gemacht, in die Ferne zu gucken. Das Problem ist die Verschaltung der Muskeln. Wenn man immer nur nah guckt, dann hat dies Einfluss auf den Muskeltonus und die Haltung des restlichen Körpers. Bei ständigem Starren auf sein Smartphone, reagiert die gesamte Muskulatur darauf. In die Ferne gucken hingegen öffnet den gesamten Körper. Dabei sind die Brustmuskeln nicht mehr so kümmerlich zusammen gezogen und die unattraktive und gleichermaßen ungesunde Geierhaltung wird aufgelöst. Deswegen sollten wir unseren Tag damit beginnen, aus unserer Höhle zu krabbeln und erst mal richtig in die Ferne zu schauen. Auf meinen morgendlichen Nüchternläufen praktizierte ich dies ganz automatisch. Wenn ich allerdings „frei" hatte, stellte ich mich wie eine Wahnsinnige in den Garten und starrte einfach so in die Ferne. Solange mich die Männer mit ihren weißen Mänteln dabei nicht holen würden, könnte ich es auch für den Rest meines Lebens tun. Wenn ich allerdings in einer Gummizelle landen sollte, wäre es vorbei mit dem sonderbaren Augenaerobic. Nach dem Ausloten meiner Augen ging es an den Trog. Lieblingsbeschäftigung ever. Heute stand endlich der lang ersehnte Tag mit dem Schwerpunkt auf Kohlenhydraten an. Neben dem regelmäßigen Konsum von Futter hatte ich den Tag mit Home Office Tätigkeiten und entspannten Spaziergängen gefüllt. Das Wetter war tatsächlich wesentlich besser als prognostiziert. Obwohl es bei schönem, sonnigen Wetter nichts Besseres gab, als einen Lauf durch die Natur zu machen, fiel es mir nicht schwer, nur zu spazieren. Spazieren gehen war natürlich eigentlich eher was für die Betagteren. Aber hey, gehörte ich da nicht schon voll zu? Schließlich klagte ich über meine Gebrechen und führte ein Leben, das unspektakulärer wohl kaum sein konnte. Als ich heute unterwegs war, zog ich sogar auf Grund meines „Rückens" eine Duftwolke nach Rosmarin hinter mir her. Wenn das nicht der Duft nach großmütterlicher Agilität pur war, dann wusste ich es auch nicht. Ich hätte genauso gut mit einer Dauerwellenföhnfrisur und einer Note von 4711 Echt Kölnisch Wasser auf meinen aufpolierten Pumps durch die Landschaft stöckeln können. Aber ich hatte mich für die Variante mit meinen Leguanos, der Trainingshose und meiner undefinierbaren Zopffrisur entschieden. Im Grunde hatte ich hier das perfekte Nest gefunden. Das Örtchen gab es seit 1136 und wenn man sich so umguckte, dann schien ein Großteil der Ortsansässigen bei der Gründung des

Dörfchens live dabei gewesen zu sein. Wenn man langsam durch die Natur streifte, hatte man noch mehr Muße zum Beobachten und Denken.

Wie achtsam war man eigentlich in seinem Alltag überhaupt noch? Wie oft kam es vor, dass man sich wirklich einer Tätigkeit komplett hingab? Dies betraf alles was wir tun. Egal ob es das Verspeisen unseres Futters, Konversationen mit einem anderen Mensch oder die morgendliche Sitzung auf der Toilette war. Wir waren entweder mit den Gedanken wo anders oder in vielen Fällen sogar mit dem Handy in einer Parallelwelt unterwegs. Nun, ich war gestern bei meiner Toilettenabhandlung vor lauter Faszination vollkommen bei der Sache und achtsam, aber das durfte eine Ausnahme darstellen. Man sollte wieder mehr darauf achten, sich auf das was man tut mit 100 % Aufmerksamkeit und Hingabe einzulassen. Wenn man immer mehrere Sachen unbewusst gleichzeitig tat, dann würde man sich auf Dauer mächtig verzetteln und nur noch genervt durch den Tag hasten. Auf meinem Spaziergang hatte ich das Handy mal Handy sein lassen. Ich war einfach Schritt für Schritt mit meinen Barfußschuhen durch die Landschaft gezogen, habe den Boden unter mir gespürt, die Blumen am Rand betrachtet, die Menschen ganz bewusst begrüßt und die abgedrehte Flugweise verschiedener Amseln bestaunt. Wäre ich ein Vogel und hätte noch eine Dimension mehr, die ich einkalkulieren müsste, dann würde das mit dem Finparken nie klappen. Wobei ich natürlich als Vogel auf dem

Halbmarathon morgen viel bessere Voraussetzungen hätte. Und einen wesentlichen höheren Anteil an Flugphase. Aber vielleicht würde ich den Lauf auch ohne Fluggestell gemeistert bekommen. Jetzt hieß es abwarten, Tee trinken und Kohlenhydrate futtern. Morgen wird in Paderborn „geballert". Ich klammer den Gedanken an Zeiten komplett aus. Ich kann nicht sagen, zu was ich in der Lage war. Ich wünschte mir, dass ich mich genauso kernig fühlen würde, wie beim Korschenbroicher Citylauf. Das Laufgefühl war mir wichtiger, als irgendwelche Zeiten. Dies mag in Anbetracht meines zeitenorientierten Ziels paradox klingen. Aber vom Grundsatz her war ich ein Gefühlsläufer. Ich wollte immer alles geben, aber mich dabei gut fühlen und Freude haben. Natürlich würde mich eine schnelle Zeit doppelt belohnen, aber dies würde nur ein Obolus sein. Wir werden sehen, was der morgige Tag bringt.

Samstag, 15.April 2017
Gewicht: 59,0 kg
Liebes Tagebuch,
da war er nun, der Tag der Standortbestimmung auf dem Weg zum Vivawest Marathon. Aus globaler Sicht wusste ich so grob, wo ich mich auf diesem merkwürdigen Planeten befand. Ich hatte im Abi schließlich Erdkunde Leistungskurs gehabt und wusste ganz genau, dass ich mich in einem Land in Mitteleuropa bewegte. Aber wie es um meine Leistungsfähigkeit bestellt war, wusste ich nicht im Geringsten. Ich wusste zwar, dass ich in der Lage war 30 km

zu laufen und 10 x 400 m Intervalle abzustrampeln, aber was auf 21,1 km wirklich ging, gehörte zu den Dingen, die mir vollkommen schleierhaft waren. Mein Tag begann mit der Feststellung, dass ich durch mein Kohlenhydratfutter tatsächlich ein Kilo Glykogen eingelagert hatte. Das war eine ziemlich gängige Zunahme. Meine Beine und mein Körper fühlten sich an, als hätten sie sich seit drei Jahrzehnten nicht mehr bewegt. Ein Ruhetag und zwei reduzierte Tage hatten ausgereicht, dass mein Körper subjektiv kurz vor der Verwesung stand. Ich konnte mir nicht vorstellen so eine lange Distanz am Anschlag zu laufen. Je mehr ich über die Strecke und alles nach dachte, desto wilder wurde es in meinen Gedärmen. Es war mal wieder so weit. Ein klarer Fall von „Vorwettkampf Reizdarmsyndrom". Ich verbrachte den Morgen öfters auf Toilette und musste mich meiner latenten Aufregung gnadenlos hingeben. Um mich ein wenig abzulenken, ließ ich noch etwas die Macht meiner XX-Chromosomen agieren und pinselte meine Fingernägel mit einem rosafarbenen Nagellack an. Während ich so an mir rumpinselte, blickte ich aus dem Fenster und betrachtete mit unmotivierter Miene den Regen. Es war ganz schön kalt und regnerisch da draußen in Mitteleuropa. Zumindest in Westfalen, Deutschland. Wenn das bis heute Nachmittag so bleiben würde, dann wäre dies seit Trainingsbeginn der erste richtig nasse Lauf. Bis jetzt hatte ich höchstens mal Nieselregen. Richtiges Wasser von oben kannte ich die letzten Wochen nur aus der Dusche. Ich hoffte, dass die Wahl meiner

Kleidung ausreichen würde. Oben ein langes, dünnes Oberteil mit einem Achselshirt drüber und unten kurz mit Kompressionsstrümpfen. Und natürlich Handschuhen. Der Vormittag verstrich und die letzten Kohlenhydratmahlzeiten verschwanden in den Tiefen meiner Verdauung. Ich machte mich kampfbereit. Noch schnell eine wasserfeste Wimperntusche auf die Augen und etwas netten Mädchenduft auf den Hals, damit ich wenigstens gut aussah und mein Angstschweiß nicht so durch kommen würde. Falls ich irgendwie abschmieren würde, dann wenigstens in angemessener, optischer Konstitution. Los ging es.

Auf dem Weg nach Paderborn hatte ich mir ein ganz besonderes Lied ausgesucht. Es war mir fast ein wenig peinlich und ich wusste nicht, ob ich mich kindisch oder alt fühlen sollte. Vielleicht war es eine paradoxe Kombination aus beidem. Mir war die letzten Tage im Radio ein Lied von den Backstreet Boys akustisch über den Weg gelaufen. Dabei war ich leicht hysterisch bis ekstatisch im Auto ausgerastet. Um Himmels Willen, da kamen ja Jugendgefühle an die Oberfläche gekrochen. In diesem Zusammenhang dachte ich über andere Lieder und Gruppen nach. Mir fiel „Never Forget" von Take That ein. Dieses Lied hatte mir schon zig Gänsehäute verpasst. Und der Inhalt war gleichermaßen wertvoll, so fern ich es mit meinem dilettantischen Englisch einordnen konnte. Ich hatte mir das Lied auf das Handy gezogen und hörte es nun auf dem Weg nach Paderborn in Dauerschleife. Wenn ich ein Talent hatte, dann jenes, ein und dasselbe Lied Stunden lang zu hören und es mit jeder Wiederholung in gleichbleibend schlechter Qualität mit zu singen. Erfahrungsgemäß blieben die Textanteile, die ich mitsingen konnte immer gleich kurz. Den Rest der Lieder nuschelte ich nur in Anlehnung an die Melodie mit. So zog ich mir bis zur Ankunft immer wieder dieses Lied rein und hoffte, dass es mir beim Laufen Flügel verleihen würde. In Paderborn angelangt, regnete es noch immer. Von oben bis unten eingemummelt machte ich mich zur Startnummernausgabe. F22370. Das war sie, meine Nummer. Mit ihr würde ich gleich in irgendeiner Weise die 21,1 km hinter mich bringen. Wie auch immer das ausgehen würde, meine Wimperntusche war „waterproof" und würde halten. Ob ich „waterproof" war, würde ich dann sehen. Die Zeit bis zum Start verstrich und dann stand ich plötzlich an der Startlinie und wartete auf den Gnadenschuss, der uns endlich auf die Piste lassen würde. Wolf-Dieter Poschmann moderierte wie in jedem Jahr in gewohnt professioneller Weise den Osterlauf und zählte den Countdown runter. Und los. 21,1 km ballern. Ich wurschtelte mich durch das dicht gedrängte Läuferfeld. Es hatte zum Glück aufgehört zu regnen und die Stimmung am Straßenrand war trotz des trüben Wetters in marathonähnlichem Flair. Die Paderborner feierten den Osterlauf jedes Jahr wie einen Karnevalsumzug. Die Strecke bestand aus zwei Runden, die durch die Paderborner Innenstadt ging. Dabei wurden auch viele Wohngebiete passiert, in denen unzählige „Powerpoints" mit Party und applaudierenden Anwohnern durchquert wurden. Für einen Läufer einfach jedes Jahr großes Kino mit viel aufputschenden Endorphinen. Wann wurde man in seinem Leben schon so gefeiert? Ich hatte mich nach ein paar Kilometern frei gelaufen. Es ging das erste Mal über eine Brücke, die durchaus eine spürbare Steigung vorzuweisen hatte. Meine Beine waren recht saftig. Wie schnell ich unterwegs war, wusste ich nicht und ich würde es auch erst im Ziel wissen wollen. Ich fand mein Tempo und bewegte mich in dem Strom der Läufer kontinuierlich nach vorne. Es lief. Wir kamen an dem weltbesten Laufmoderator, dem „Van Man" vorbei, den ich durch mein langes Läuferdasein schon sehr gut kannte. Er begrüßte mich wie immer herzlich und kommentierte mich als erfahrene „Langstreckenläuferin". Die Worte waren noch nicht ganz in meinem Hirn angekommen, da registrierte meine Zentrale eine unspezifische Form der Unlust. Was war da gerade los? Waren die Beine schwer? War ich platt? Müde? Unterzuckert? What? Ich lief weiter und lachte mich innerlich tot über die ehrenwerte Titulierung als erfahrene Langstreckenläuferin. Wir waren schließlich gerade mal bei fünf Kilometern und irgendwas fühlte sich echt zäh an. Wo begann noch gleich die Langstrecke? Ich kicherte innerlich noch etwas vor mich hin und versuchte das Problem zu entlarven. War ich einfach zu schnell? Ich konzentrierte mich, rund weiter zu laufen. Auf einmal zog eine Läuferin an mir vorbei, die ich schon länger flüchtig von Läufen kannte. „Sumpfschnecke!" schrie eine abgedrehte Gehirnzelle in mir auf. Ich erschrak förmlich vor diesem verbalen Angriff auf die andere Läuferin. Sie zog souverän an mir vorbei und wäre es trockener gewesen, hätte ich nur noch eine Staubwolke gesehen. Warum hatte ich so negativ reagiert? Ich dachte darüber nach und kam zu dem Ergebnis, dass es daher rührte, dass sie mich seit ich sie kenne, immer nur böse und von oben herab behandelt hatte. Und dies war nun die Rache einer kleinen, erbosten Gehirnzelle. Aber vielleicht meinte sie es ja gar nicht böse und war im Kern unsicher oder sonst was. Also die Läuferin, nicht meine Gehirnzelle. Sie war auf jeden Fall topfit und musste ihre Leistung nicht mit rosafarbenen Nagellack und wasserfester Wimperntusche kompensieren. Sie war alles andere als eine „Sumpfschnecke". Sie war sau stark. Auch wenn sie mich wieder ignorieren würde, mich mit ihren Blicken zerschmettern würde, freute ich mich über ihre stabile und gute Leitung. Wir überquerten das zweite Mal die Brücke und zogen ein letzten Bogen durch ein Wohngebiet. Immer wieder kamen wir an Menschenansammlungen vorbei, die laut aufgedrehte Musik in den unterschiedlichsten Musikrichtungen zum Besten gaben. Es lag eine Mischung aus Bratwurst und Alkohol in der Luft. Die Stimmung der Zuschauer war teilweise bereits zu so früher Stunde alkoholgeschwängert. Ich war höchstens laktatgeschwängert. Gab es eigentlich eine „Laktat Promille Äquivalente"? Ich dachte eine Weile darüber nach, während sich mein Körper mit jedem Schritt wieder stabiler anfühlte. Ich verließ das letzte Wohngebiet und begab mich auf die letzten Kilometer der ersten Runde. Ich zog an einer Läuferin vorbei, die zierlich wie eine Gazelle aussah. Dünne Beinchen. Dünner Körper. Dünnes Erscheinungsbild. Als ich an ihr vorbei war, zog sie ein wenig an und lief noch eine Weile dicht hinter mir her. Die Gazelle entpuppte sich zu einem Rhinozeros. Sie trampelte laut hinter mir her, so dass ich fast wahnsinnig wurde. Wie konnte ein so feingliedriger Habitus nur solch einen Lärm machen? Ich versuchte schnell davon zu ziehen, weil es mich zunehmend irritierte. Das Gepolter hinter mir wurde leiser und verschwand dann gänzlich. Die erste Runde war geschafft. Nur noch eine Runde. Mein Körper war auch soweit wieder saftig. Ich überquerte nun ein drittes Mal die Brücke. Die Beine reagierten nicht mehr sonderlich erfreut über diese Steigung. Leicht angeschlagen erreichte ich den höchsten Punkt der Brücke. Auf der Gegenseite kamen zeitgleich die kenianischen Läuferinnen angeflogen. In ihrem vollendeten Laufstil, der die reinste Form der Dynamik widerspiegelte, fühlte nun ich mich wie ein Rhinozeros. Eine der Kenianerinnen erinnerte mich an die kenianische Häsin, die wir in Kenia hatten. Aber wie hieß sie noch gleich? Wie eine fixe Idee kreisten meine Gedanken nur noch um die Frage nach dem Namen. Ich konnte an nichts anderes mehr denken. „Mist, wie hieß diese Läuferin? Agathe? Nein, nicht Agathe. Oder doch Agathe? Nein verdammt, es war nicht Agathe. Agathe? Nein! Agathe? Nein, nein, nein! Nicht Agathe!! Agathe?" Ich drehte förmlich durch, weil mir dieser Name nicht einfallen wollte und meine Gedanken wie eine Schmeißfliege an dem Namen Agathe klebten. Ich musste es loslassen und an was anderes denken. Dafür gab es jetzt keine Lösung. Ich fühlte mich noch recht gut. Das Läuferfeld um mich herum war ziemlich licht geworden. So licht, hatte ich es beim Osterlauf noch nie gehabt. Vielleicht war ich einfach schnell unterwegs. Ich würde es im Ziel erfahren. Vor mir strampelte sich ein speckiger Superheld in Ganzkörperkondom ab. Nichts gegen Unterhautfettgewebe, es hat uns mehrere millionen Jahre das Überleben gesichert. Ich fand es nur beeindruckend, wie man sich als Mann mit solch einer Körperbeschaffenheit in eine hautenge Pelle mit Superheldenmuster zwängen konnte. Ihm war es anscheinend noch egaler, was Menschen über ihn dachten, als mir. Fast schon ein beneidenswerter Zustand, ein so stabiles Selbstbewusstsein zu haben. Ich näherte mich der „Superheldenpelle" und zog langsam an ihm vorbei. Meine Beine wurden schwerer und mein Körper sehnte sich nach Feierabend. Langsam aber sicher könnte der Spaß auch zu Ende gehen. Es ging das vierte und letzte Mal über die Brücke. Dort wo vor geraumer Zeit die Kenianerinnen entlang geschwebt waren, schleppte ich mich nun schwerfällig über den Asphalt. Ich erreichte den Gipfel der Brücke und hatte das Gefühl, total kariert durch die Landschaft zu blicken. Guckte ich wirklich kariert? Oh ne, ich wollte nicht kariert gucken. Kariert fand ich blöd. Kariert war mega spießig. Es ging ein kurzes Stück bergab. Die Beine konnten sich für einen Moment erholen. Nur noch eine kleine Runde durch das Wohngebiet und dann hätte ich es geschafft. Oder wie unsere kenianischen Hasen im Urlaub bei jedem vermeintlich letzten Berg zu sagen pflegten „Last hill!". Allerdings hatten sie dies bei jedem Berg gesagt, um uns schnaufende „Anfänger" zu motivieren. Ich rannte an einer der Stimmungshochpunkte mit dem Schwerpunkt auf Schlagermusik vorbei und kassierte einen grauenhaften Ohrwurm ein. „Verlieben, verloren, vergessen, verzeihen, verdammt war ich glücklich, verdammt war ich frei." Es dudelte weiter in meiner Rübe, obwohl ich schon längst aus der Hörweite raus war. Bei Kilometer 18 bekam ich dann noch ein wahnsinnig verführerisches Angebot. Wasser, Cola oder Kümmerling? Wie wäre es mit einem Kümmerling bei Kilometer 18, wenn der Mann mit dem Hammer eh schon über einem schwebte und darauf wartete, seinen Hammer wie ein Damoklesschwert fallen zu lassen? „Eine Runde Kümmerling für mich und meinen Hammermann, bitte!" Schoss es mir durch den Kopf. Amüsiert über die Vorstellung rannte ich ohne Kümmerling im Tank weiter. Die Party musste ohne meine Wenigkeit auskommen. Die letzten Kilometer waren angebrochen. Und da war er auf einmal wieder. Der Saft in meinen Beinen. Ich hatte Kraft und konnte nochmal alles raushauen, was meine Muskelfasern zu bieten hatten. Es fühlte sich großartig an. Das Ziel tauchte auf. Mein Blick fiel ungläubig auf die offizielle Zeit. 1:35:43. Das konnte nicht sein! Ich hatte mich doch gerade gefühlt wie ein Läufergott. Das hätte eine neue Bestzeit sein müssen. Ich stoppte meine Zeit und guckte auf den Tacho. 1:35:13. Meine Bestzeit lag bei 1:34:49. Knapp daneben, war auch daneben. Ich ließ mir die Medaille um den Kopf hängen und rang nach Luft. Auf meinen letzten hundert Metern hatte ich tatsächlich noch eine Pace von 3:34 auf den Kilometer raus gehauen. Nun musste ich unbedingt was trinken. Viel trinken. Ich hatte den ganzen Lauf über, trotz kalter Wetterbedingungen permanent einen trockenen Mund und Durst gehabt. Ob ich wohl zu wenig getrunken hatte und deswegen langsamer war? Es war ja grundsätzlich nicht langsam, aber in Anbetracht meiner Bestzeit und meines Trainings hätte es vielleicht auch schneller sein können. Dass bei dem Aufkommen von Durst bereits eine Leistungsminderung zu verzeichnen war, ist allseits bekannt. Hatte ich etwa einfach vorher zu wenig getrunken? Ich wusste es nicht. Jedenfalls freute ich mich riesig, Flüssigkeit in mich hinein zu kippen. Das war ein wunderbares Gefühl. Als meine Gedanken sich langsam aber sicher wieder „hydriert" hatten, fiel mir mein Belohnungsessen ein. Ein breites Grinsen erstreckte sich über mein Gesicht. Es ging doch nichts über hart verdientes Essen. Nach einer warmen Dusche schaufelte ich mir genüsslich meinen körnigen Frischkäse mit Haferflocken, Rosinen, Banane, Schokocreme, Eiweißpulver und Erdnussbutter in die Backen. Ein weiteres Mal an diesem Tag blickte ich kariert durch die Gemeinde. Es schmeckte so gut. Zufrieden blickte ich die Medaille an meinem Hals an. Eigentlich war das ein richtig gutes Rennen gewesen, auch wenn ich keine neue Bestzeit rocken konnte. Zeit war nicht alles im Leben. Es ging letzten Endes um das Gefühl. Und das war heute geprägt von Höhen und Tiefen und von Freude und Kampf. So wie im wahren Leben.

Sonntag, 16.April 2017
Gewicht: 58,2 kg
Liebes Tagebuch,
es ist Ostern. Und was tat man aller Regel nach an solchen Feiertagen? Man fuhr zu seiner Familie. Und dies hatte ich heute getan. Im Gepäck natürlich mein überlebenswichtiges Equipment, um meinen Plan auch an diesen hochkalorischen Amoktagen weiter umzusetzen. Das erste Ostern, an dem ich souverän und absolut unantastbar weiter mein Futter konsumiert habe. Selbst die weltbeste Apfelweintorte meiner Mama hatte ich verschmäht. Ein klein wenig stolz war ich auf mich. Wahrscheinlich würden die meisten Menschen in Anbetracht dieser Disziplin den Kopf schütteln und mich für total übergeschnappt halten. Aber ich war gerne übergeschnappt. Neben dem Futterplan hatte ich selbstverständlich auch meine Monster 12 kg Kettlebell mit zu meinen Eltern geschleppt. Der Plan wurde abgearbeitet, komme was wolle. Was unerwartet kam, war der Zweifel an meinem Plan. Mir Schoss der Spruch einer Postkarte aus meinem Klo durch den Kopf. „Alles lief nach Plan. Aber der Plan war halt scheiße." Mit diesen Gedanken

hatte ich nicht gerechnet. Mein Kilometerumfang war recht übersichtlich. Derzeit lag er bei ca. 61 km die Woche und ab kommender Woche würde er auf 66 km ansteigen. Würde das reichen? Außerdem schwirrten meine Gedanken um die Konstruktion meines Trainingsplans in der kommenden Woche. Da ich am Wochenende eine Reise nach Hamburg unterbringen musste, hatte ich den langen Lauf auf den Donnerstagmorgen vorverlegt. Der Abstand zum Halbmarathon war da natürlich relativ übersichtlich. Außerdem hatte ich mein Intervalltraining für den Dienstag nach dem Halbmarathon auch wieder eingeplant. War das vielleicht alles zu viel? Andererseits hatte ich absolut 0,0 Muskelkater von dem Ballern auf den 21,1 km. Aber Trainingsreize kumulierten nun mal auch und wenn die Regeneration zu kurz kam, brachte das ganze Training nichts. Die Leistung entwickelte sich schließlich in der Ruhe. Oder wie man so schön zu sagen pflegte: „In der Ruhe liegt die Kraft!" Ich schob meine Gedanken und Zweifel in die allerletzte Ecke und entschloss mich zu der einzig wahren Entscheidung. Ich gönnte mir ein Glas Rotwein zum Ostermittagessen. Wenn ich schon nicht den ganzen leckeren Stoff essen konnte, dann wenigstens ein Glas von dem gedankenbetäubenden Schlummertrunk. Schlafen wollte ich zum Mittag natürlich noch nicht, aber zumindest wurden die Stimmen und Zweifler in meiner Rübe still. Da ich nie einen Tropfen Alkohol trank, hatte dieses eine Glas auch schon die gewünschte Wirkung. Was wollte ich überhaupt? Es lief doch bombig. Auch wenn ich keine neue

Bestzeit auf den Paderborner Asphalt geprügelt hatte, lief doch alles nach Plan. Was hatte ich denn schon wieder erwartet? Utopische Zeitsprünge? Wunder? Das ich abhebe und fliege? Wahrscheinlich hatte die kleine Prinzessin mit ihrem Einhorn in mir genau damit gerechnet. Ich musste mich entspannen und loslassen. Der Wein tat sein Bestes. Mein hirninternes Einhorn hatte sich zum chillen in eine Ecke gehockt und kicherte albern vor sich hin. Es erinnerte sich an eine Geschichte, die ein Arzt aus der Verwandtschaft „uns" erzählt hatte. Es handelte von einem alten Mann, der leider an einer psychotischen Form der Demenz litt. Er hörte ernsthaft Stimmen, die ihn zu fragwürdigen Dingen ermutigten. Er verfügte sozusagen über ein sehr selbstbewusstes Einhorn, was ihn kontrollierte. Medizinisch könnte man auch sagen, dass er unter einer schweren Schizophrenie litt. Eine gruselige Vorstellung. Das Tragische an dem „Einhorn" dieses alten Mannes war, dass es total bescheuerte Ideen hatte. So hatte der alte Mann eines Tages kalte Füße und sein „Einhorn" befahl ihm, dass er sich seine Füße anzünden soll, damit sie wieder warm wurden. Als braver Soldat seiner Stimmen im Kopf, tat der alte Mann was ihm befohlen wurde. Ohne die Sinnhaftigkeit zu hinterfragen, fackelte er seine Füße ab. Seit her hat der arme alte Mann halb verbrannte Füße und wohnt sicherheitshalber in einer Anstalt, die sich um sein durchgedrehtes „Einhorn" kümmert. Was lehrt uns diese Geschichte? Sei froh und dankbar, dass Du gesund bist und tue niemals unreflektiert das, was die Stimmen in Deinem Kopf anordnen.

Montag, 17. April 2017
Gewicht auf der „Waben Waage" meiner Mutter: 59,0 kg
Liebes Tagebuch,
mein Ostermontag begann in meinem alten Kinderzimmer bei meinen Eltern. Ich hatte wider Erwarten prächtig geschlummert und mein Rücken war auch ziemlich geschmeidig. Ich hatte auf der Osterlaufmesse zum Testen einen Magneten von Energetix bekommen. Und die letzten beiden Nächte waren tatsächlich besser. Ich werde es weiter im Auge bzw. am Rücken behalten. Der Regen prasselte mit Macht an die Scheiben. Das würde jetzt wirklich der nasseste Lauf in meiner Vorbereitung werden. Das stand außer Frage. Ich robbte von meiner Matratze und sortierte meine Laufkleidung aus meiner pinken Reisetasche. Let's go running! Mit meinen Leguanos drehte ich eine kleine Runde durch die regennasse Heimat. Die Füßchen waren nach den ersten Metern bereits nass und patschten friedlich vor sich hin. Eigentlich ein schönes Gefühl. Die Welt wirkte menschenleer und verlassen. Außer dem Regen war nicht viel los. Ich beendete nach 20 Minuten meinen Regenerationslauf und machte mich an den zweiten Part des montäglichen Trainings. Zehn Minuten Kettlebell Workout. Die Kettlebell wirkte heute wahnsinnig schwer. Viel schwerer als sonst. Aber zum Glück waren zehn Minuten Lebenszeit schnell vorbei. Wobei es

natürlich nie schön war, dass Lebenszeit schnell verging. Man wusste schließlich nicht, wie viel Lebenszeit auf unserem Lebenskonto noch gebucht war. Also lieber selbst die unbequemen Minuten des Kettlebelltrainings genießen. Der restliche Tag vollzog sich ohne weiteren „Osterweinkonsum" oder anderen bedenklichen Drogen in entspannten Pulsbereichen. Gegen Mittag hatte ich mich auch wieder auf den Weg nach Hause gemacht, um den restlichen Tag zu Hause zu verbringen. Mit ein bisschen Sauna versuchte ich jedes Fitzelchen an Regeneration aus meinem Körper zu pressen. Morgen würde es wieder gnadenlos auf die Bahn gehen. Und das diesmal noch früher, als sonst. Diese Woche würde es leider arbeitsbedingt noch zeitiger werden. Wecker auf 5:30 Uhr. Gute Nacht.

Dienstag, 18. April 2017
Gewicht: 58,4 kg
Liebes Tagebuch,
ich hatte eine weitere wirklich gut verbrachte Nacht mit Energetix Magnet im Kreuz. Mir schien an der Wirkung von Magnetismus auf den Körper wirklich etwas dran zu sein. Vor einem guten halben Jahr, hatte ich bereits ein Armband zum Testen bekommen und musste dies aber irgendwann ablegen, weil mich der Magnetismus irgendwie irritierte. Ich konnte dieses Gefühl nicht näher umschreiben, aber mir war einfach instinktiv danach das Ding abzulegen. Jetzt nach dieser doch positiven Wirkung auf meinen Rücken,

überlegte ich, wo ich mein Armband hatte. Es war 5:30 Uhr, bitter kalt draußen und ich musste 10 x 400 m Intervalle aus meinem Körper leiern. Wenn das nicht ein Fall für mein pinkes Energetix Armband war. Ich kletterte aus dem Bett und machte mich laufbereit. Warm eingepackt, inklusive dem pinken Armband mit Magnetpower, trabte ich los Richtung Sportplatz. Die Beine hatten sich schon wirklich schlechter angefühlt. Der Himmel hing voll mit dicken, dunklen Wolken. Keine Spur von romantischem Sonnenaufgang in lieblichen Mädchenfarben. Mit meiner pinken Jacke und meiner knalligen Hose war ich der einzige Farbtupfer, der sich durch die noch schläfrige Welt bewegte. Ich erreichte den Sportplatz, zog meine Jacke aus und legte los. 10 x 400 m alles was ging. Eine Runde nach der anderen stolperte ich über den unebenen Sportplatz. Es gab Tage, an denen kam mir die 400 m Bahn besonders schlecht vor. Heute war so ein Tag. Es war unmöglich einfach die Innenbahn zu laufen. Sie war durchzogen von Längsfurchen und Löchern. Man musste die Sinne mächtig beieinander halten, um nicht mit der frühmorgendlichen Trotteligkeit in einem dieser Löcher zu versinken. Ich zog konzentriert die zehn Runden durch. In den kurzen Gehpausen kreisten meine Gedanken um die Kreation meines Frühstücks. Heute war endlich wieder mehr Eiweiß und Fett angesagt. Nach zwei kargen Ostertagen endlich wieder ein Tag mit etwas mehr Stoff.

Die letzten Intervalle wurden mental ziemlich anspruchsvoll. Ich probierte bewusst auf alles zu achten, was einen schneller machte. Den Schritt lang ziehen, den Oberkörper so gut es ging mit einsetzen und die Arme mitnehmen. Alles rausholen was der Körper an Kapazitäten zu bieten hatte. Die letzten Meter fühlten sich an, als würden meine Muskeln keinen Mucks mehr machen. Stand ich? Nein, ich vernahm noch eine gewisse Bewegung. Ich stoppte meine letzte Runde, machte eine kurze Gehpause, zog mir mein pinkes Jäckchen wieder an und trabte nach Hause. Wie wundervoll traben sein konnte. Mein Körper fühlte sich großartig an. Die Beine wirkten kraftvoll und der restliche Körper strotzte vor Sauerstoff. Der Gedanke an das bevor stehende Frühstück ließ mich gedankliche Freudensprünge machen. Ein klein wenig wahnsinnig: Ein Leben, das sich immer nur um Sport, schlafen, essen und Kloerlebnisse drehte. Die Endstufe des modernen Lebens als Homo Sapiens. Der Gipfel der Evolution. Beim Frühstück analysierte ich, glücklich vor mich hin grunzend, meine Intervalle. Nach ein klein wenig Rechnerei kam ich zu einem unglaublichen Ergebnis. Dies waren die schnellsten Intervalle ever! Im Durchschnitt hatte ich 1:33,2 Minuten benötigt. Und das nur so kurz nach dem schnellen Halbmarathon. Ging das nun auf die Kappe des Magnetarmbandes? Eine Antwort darauf werde ich wohl nie bekommen.

Mittwoch, 19.April 2017

Gewicht: 58,0 kg

Liebes Tagebuch,

es hatte heute tatsächlich geschneit. Wenn auch nicht viel, aber immerhin. So viel zu den Temperaturen und den Wetterbedingungen. Ich würde definitiv kein Veto einlegen, wenn es endlich wieder warm werden würde. Schließlich waren wir auf dem besten Weg in Richtung Sommer. Ich erinnere mich da nur an den Korschenbroicher Citylauf, der fast schon hochsommerlichen Bedingungen ausgesetzt war. Die Prognose war derzeit auch nicht sonderlich erquickend. Hoffentlich würde es bis zum Marathon wieder besser werden. Der Blick auf meinen Plan erweckte leichtes Muffensausen. Es war quasi Halbzeit. Umfangmäßig ging es jetzt etwas nach oben und ernährungsmäßig auch. Mehr Kilometer und mehr fette Tage. Meinen gestrigen kalorientechnisch etwas üppigeren Tag hatte ich dennoch von vorne bis hinten hungrig verbracht. Ich hätte die ganze Zeit essen können und bin bei jeder Mahlzeit halb durch gedreht, weil am Ende des Essens noch so viel Hunger übrig blieb. Was tat ich mir da nur an? Warum die Quälerei mit dem Abnehmen? Klare Antwort: Weil ich ein paar Kilos abschmeißen wollte und endlich in meinem Leben auch mal definiert sein wollte. Der ewige Furz in meinem Kopf. Die fixe Idee von einem athletischen Körper. Aber ich wollte nicht rumjammern. Ich fühlte mich wirklich gut und war gerade richtig glücklich innerhalb meiner körperlichen vier Wände. Mein Essenskonzept machte mir Spaß und hatte etwas Spielerisches. Daher war das Kind in mir rund um die Uhr beschäftigt.

Mein heutiges Leguano- und Brückenzirkeltraining lief außerordentlich gut. Mein Rücken war auch richtig, richtig gut. Klopf mächtig auf Holz. Der restliche Tag war allerdings irgendwie ziemlich anstrengend. Nach der Arbeit hatte ich mich noch um mein Pony gekümmert, das derzeit ordentlich Feuer unterm Hintern hatte und mich daher ziemlich plättete. Die Aufzeichnung meiner Pulsuhr spiegelte dies auch eindeutig wieder. Ich hatte mich in Bereichen bewegt, die ich teilweise noch nicht einmal bei meinen Tempowechselläufen erreichte. Reiten war wirklich anstrengend. Und ich hatte dabei auch nichts verwechselt. Das Pony ist gelaufen und ich saß oben, nicht anders herum. Meine Adduktoren fühlten sich für den restlichen Abend ziemlich massakriert an und die restlichen Muskeln der unteren Extremitäten wimmerten auch urlaubsverdächtig vor sich hin. Urlaub würde es die nächsten Tage nicht so recht geben. Vielmehr würde morgen um 5:30 Uhr der Wecker los plärren und mich für den ersten 35er wecken. Nüchtern natürlich. Alles ist nüchtern. Außer die Wettkämpfe und der arme Obdachlose, neben dem ich jeden Morgen mein Fahrrad abstellte.

Donnerstag, 20. April 2017

Gewicht: 59,0 kg

Liebes Tagebuch,

meine Finger gleiten nur noch schwerfällig über die Tasten. Wie gestern diagnostiziert, hatte ich Halbzeit auf dem Weg nach Gelsenkirchen zum Vivawest Marathon. Meine Verdauung hatte mich gestern mal wieder im Stich gelassen, was die Gewichtszunahme erklären mag. Bezüglich der Verdauung beim Marathon musste ich mir keine Sorgen machen, da ich erfahrungsgemäß so aufgeregt sein würde, dass das von alleine fluppen würde. Aber kommen wir nun zu den regelmäßigen Begegnungen mit dem Schweinehund. Es ging gestern Abend los und endete heute auf einem Acker mit tonnenweise Erde unter den Schuhen. Nach meinem gestrigen Abendmahl war ich zugegeben wieder etwas genervt. Grund: Zu wenig Futter. Ich wollte mal wieder richtig essen. Eine Pizza oder weiß der Geier was. Ich hatte gestern den letzten Bissen versenkt und dachte darüber nach, was mir bevor stand. Schlafen, um 5:30 Uhr aufstehen und nüchtern 35 km laufen. Erst dann würde es endlich wieder was zwischen die Zähne geben. Ein kleiner mentaler Tiefpunkt kroch in mein Gefühlsleben. Warum eigentlich das Ganze? Warum überhaupt Marathon laufen? Ich stampfte wie ein trotziges Kind mit den Füßen auf den Boden, während ich mich bettfein machte. Ich kroch unter meine dicke, kuschelige Bettdecke und war zum Glück schnell eingeschlafen.

Um 5:30 Uhr säuselte der Wecker mich dann aus dem Schlaf. Auf geht's „Running Queen", raus aus dem Bett und auf in den Kampf, 35 km to go. Ich schleppte mich unmotiviert ins Bad. Nach meiner Stippvisite auf der Waage war ich dann maximal wach. Was ging mir dieses permanente hoch auf den nicht vorhandenen Sack. Ich hatte irgendwie immer Hunger und war ein reinstes Nervenbündel. Nach einem analysierenden Blick in den Spiegel, beruhigte ich mich allmählich. Mein Körper sah eigentlich gut aus. Auch wenn das Gewicht nicht sonderlich repräsentativ war, konnte man deutlich sehen, dass ich Form annahm. Also bitte, Contenance! Ich schlüpfte in mein schrilles Laufoutfit und genehmigte mir noch einen kalten Tee und einen heißen Espresso.

Um 6:00 Uhr startete ich meinen langen Lauf. Ich war eingemummelt, wie im tiefsten Winter. Die Autoscheiben waren tatsächlich zu gefroren. Ich wollte meinen langen Lauf wieder in drei Runden aufteilen und zwischendurch zu Hause etwas trinken. Da ich ja wahnsinnig leer war, hatte ich meinen Getränken natürlich wieder Maltodextrin verpasst. Die letzten langen Läufe hatte ich regelmäßig auf meine Pace geguckt. Heute wollte ich wieder zu meiner altbewährten Taktik wechseln. Nur nach Gefühl laufen und nicht zwischendurch auf die Geschwindigkeit linsen. Die Landschaft schimmerte in wunderschönen Pastelltönen. Der Himmel war klar und in der Luft hing ein Hauch von Winter. Sogar die Atemluft schmeckte nach Winter. Der Gedanke an Frühling und Wärme konnte kaum ferner sein.

Meine Beine und die restliche Marion fühlten sich ganz gut an. Ich wollte heute nur diese verflixten 35 km schaffen. An Bombenzeiten wollte ich heute gar nicht denken. Ich passierte wieder den Schweinestall, der heute allerdings friedlich im Schein des Sonnenaufgangs ruhte. Kein Schwein war zu hören. Während ich noch dem einen oder anderen Gedanken nachging, erklang aus heiterem Himmel ein Lied in meinem Kopf. „One love, one blood, one life, you got to do what you should, one life, with each other, sisters, brothers" Ich konnte mich auch in diesem Fall nicht daran erinnern, wann ich es das letzte Mal gehört hatte. Es wiederholte sich immer nur dieser Textabschnitt, als hätte die Schallplatte in meinem Kopf einen Sprung. Wirklich merkwürdig, mein Hirn. Mein Weg führte mich weiter, vorbei an einer Schafswiese. Die Schafe waren im Vergleich zu den Schweinen wesentlich redseliger. „Die Lämmer haben geschrien. Sie haben geschrien." Ein zweites Mal in meiner Marathonvorbereitung dachte ich an „Das Schweigen der Lämmer". Hoffentlich war das kein schlechtes Omen. Nicht, dass ich noch einem Kannibalen zum Fraße fallen würde. Ich rannte weiter und nach ein paar Kilometern ging das Geschrei weiter. Aber diesmal waren es weder Lämmer, noch Schweine. Es war kein Geringerer, als mein hauseigener Magen. Ich hatte Hunger. Ich war auf dem besten Wege, selbst zum Kannibalen zu mutieren. Ich trieb mich weiter und freute mich auf mein Getränk, was zu Hause auf mich wartete. Mein Gehirn machte bei der Vorstellung von Glukose kleine Luftsprünge.

Die Kilometer gingen recht zügig rum. Meine erste Runde hatte ich geschafft. Mit eingefrorenen Fingern versuchte ich krampfhaft meinen Schlüssel aus der Hose zu kramen. Die Finger waren steif und nicht zu bedienen. Unbeholfen stocherte ich mit dem Schlüssel in dem Schloss herum. Ich kam mir vor, wie nach einer durchzechten Nacht in meiner Jugend, in der ich die Feinmotorik in mehreren Caipirinhas versenkt hatte. Mit dem unkoordinierten Gekratze an der Haustür hatte ich es damals zur Belustigung meiner Eltern nicht geschafft, mich unbemerkt rein zu schleichen. Lang, lang ist es her.

Nun hatte ich knapp 17 km weg. Kurze Pipi- und Trinkpause und weiter ging es. Der Zucker wirkte sofort belebend. Ich merkte förmlich wie er sich in meinen überschaubaren 1,65 m verteilte und die Zellen mit effizienter Glukose versorgte. Selbst mein Geist und meine Gedanken waren wie auf Knopfdruck wieder fröhlicher. Es lief. Die Streckenabschnitte flogen nun noch schneller an mir vorbei. Alles fühlte sich geschmeidig an. Die Beine wurden zwar mit jedem Schritt gefühlt dicker, aber das gehörte dazu. Die Welt war mittlerweile zum Leben erwacht. Es herrschte geschäftiges Treiben. Ich fühlte mich als stiller Beobachter dieser Welt. Grundsätzlich gehörte ich natürlich dazu, aber subjektiv war ich gerade in meiner eigenen kleinen Läuferwelt unterwegs. Es ging gerade nicht um die Arbeit oder andere Inhalte modernen Lebens. Für mich drehte sich gerade alles nur ums Laufen und die Kilometer. Ich hörte die Schritte auf dem Asphalt und die Luft, wie sie durch meine Atemwege strömte. Meine Gedanken wurden mit jedem gelaufenen Kilometer stiller. Ich musste mich nicht groß konzentrieren, um festzustellen, dass mein Glukosespiegel langsam aber sicher wieder fiel. Es war wieder an der Zeit, dass ich mich mit frischer Kohlenhydratenergie betanken konnte. Nach 31 km war ich dann endlich wieder zu Hause. Diesmal würde es zur Belohnung nicht nur Tee mit Maltodextrin geben, sondern zusätzlich noch einen maximal süßen Energiedrink. Was tat der Zucker wieder gut. Ich machte mich auf die letzte Runde. Nur noch vier Kilometer, was sollte jetzt noch groß schief gehen? Meine Beine hatten subjektiv Elefantenausmaße angenommen. So kannte ich es aus dem Marathon. Ich genoss das Gefühl, schließlich hatte ich die letzten Stunden viel Arbeit investiert, um dieses Gefühl zu generieren. Ich wollte zur Abwechslung mal wo anders her laufen und bog in einen Feldweg ab, den ich bisher noch nie gelaufen war. Von der Richtung her müsste es genau passen. Nach einem Kilometer endete der schön asphaltierte Feldweg auf einem Grasweg. Na gut, dieser würde sicher irgendwo auf einem anderen Feldweg landen. Ich lief mit meinen kilometergeschwängerten Beinen optimistisch weiter. Und dann war es so weit. Der Weg endete im Nichts. Oder vielmehr auf einem Acker. Das durfte doch nicht wahr sein! Alles in Deutschland wurde bis zum Letzten deklariert, sogar die Tatsache, dass in einer Dose Sprühsahne keine Erdbeeren enthalten waren und die Bebilderung auf der Verpackung lediglich ein

„Serviervorschlag" war. Aber ein vollkommen tadellos ausgebauter Feldweg endete ohne Vorankündigung im absoluten Nichts. Da stand ich nun im Acker und ein kurzer Schrei des Entsetzens entglitt mir. Umdrehen oder über den Acker? Umdrehen würde mein Kilometerpensum total sprengen. Außerdem war ich kein Freund von Umdrehen. Mir blieb nur der bittere Weg über den Acker. Ich kämpfte mich durch den sumpfigen Boden und hatte nach ein paar Metern bereits eine dicke Schlammschicht unter den Schuhen. Na prächtig, das machte mein Beingefühl gleich noch bombastischer. Mein Gehirn begleitete diese wunderbare Situation brav mit dem Lied des Tages. „One love, one blood, one life, you got to do what you should, one life, with each other, sisters, brothers". Leise vor mich hin summend, trottete ich über den Acker, mit immer größer werdender Sohle. Ich erreichte nach gut einem Kilometer endlich wieder festen Boden unter meinen Füßen. Ich war um 10 cm gewachsen. Jetzt war es nur noch ein Katzensprung bis nach Hause. Und da wartete mein Kohlenhydratstoff auf mich. Und mein Frühstück. Ein Grinsen erstreckte sich über mein Gesicht, das breiter hätte nicht werden können. Mein ganzes Gejammer hatte sich für dieses Gefühl mehr als gelohnt. Ich besaß ein treffendes T-Shirt zu diesem Sachverhalt. „Life begins at the end of your comfort zone". Wenn das nur nicht immer so schwer wäre. Ich finishte meinen ersten 35er und hätte glücklicher nicht sein können. Ein tiefes Gefühl der Zufriedenheit und Dankbarkeit durchströmte mich. Während meines

Frühstücks suchte ich bei Napster das Lied „One" von U2 und hörte es. Ich bekam eine Gänsehaut. Bam, das fühlte sich definitiv nach Leben an. Ich schmatzte mich zufrieden durch mein Essen und begutachtete meinen Lauf. Die erste Runde mit 17 km hatte ich in einer Pace von 5:52/km, die zweite Runde mit 14 km in 5:38/km und die dritte Runde mit 4 km in 5:53/km gelaufen. Das war schneller, als ich erwartet hatte. Auch dies war eines meiner Lieblingsgefühle. Gib alles und erwarte nichts. Und wenn doch was dabei rum kommen würde, mach Freudensprünge, so fern die Beine dazu noch in der Lage sind.

Freitag, 21. April 2017
Gewicht: 59,0 kg
Liebes Tagebuch,
nach einem weiteren Tag ohne finale Verdauungstätigkeiten, gab es dann heute Morgen nach einem fett- und eiweißreichen Frühstück endlich wieder eine Toilettenüberraschung. Ich denke, ich werde es bei diesen Worten belassen und nicht erläutern, was ich für eine Problematik ausgelöst habe. Mein Tag war einer mit dem Prädikat relax. Nur aufstehen, essen und arbeiten. Und natürlich maximal entspannen und erholen. Als Belohnung für das ganze Training wollte ich mir heute ein neues Duschgel kaufen. Daher machte ich eine kleine Shoppingtour durch einen hiesigen Drogerie Markt. Bei dieser Gelegenheit stolperte ich über eine lustige „Eier

Garmaschine", die bestens für unterwegs geeignet war. Damit konnte ich überall meinen „Eier Eiweißpulver Matsch" zaubern. Just für dieses Wochenende benötigte ich genau so ein „Moppet". Fröhlich über diesen unerwarteten Fund stöberte ich durch die Duschgelabteilung und ging mit erfolgreich erlegter „Kaufbeute" zur Kasse. Die Kasse stand wie immer voll. Eine lange Schlange, die von einer garstig gestimmten Kassiererin abgearbeitet wurde. Als ich dran war, bekam ich eine Unterhaltung mit einer anderen Kassiererin mit. Diese hatte scheinbar gekündigt und nun trugen sie den „Kampf hier in diesem Laden" vor den Ohren der Kundschaft aus. Als ich meine Ware dann mit EC Karte bezahlen wollte, eskalierte die Situation. Die Unzufriedenheit der Kassiererin hatte ein Opfer gefunden. Meine EC Karte hatte über die vielen Jahre etwas gelitten und die Unterschrift war sehr verblasst. Sie nahm meine Karte und blökte mich an: „Personalausweis!" Da ich über eines dieser Monster Portemonnaies verfügte, für das man eine Sackkarre benötigte, um es zu transportieren, hatte ich nur meine EC Karte in die Tasche gesteckt. Mit ängstlicher Stimme sagte ich der böse guckenden Frau auf der anderen Seite der Kasse, dass ich ihn nicht dabei habe. Die Schlange wurde indes immer länger. Es war mucksmäuschenstill und alle beobachteten aufmerksam die kleine Theateraufführung. Sie meckerte mich noch mehr an. Das ginge so nicht, ich müsse die Karte unterschreiben. Ich entgegnete ihr, dass die Karte unterschrieben sei. Dies war der Punkt, wo sie komplett die Kontrolle verlor. Sie krähte laut durch den Laden, dass die Karte nicht unterschrieben sei und zeigte der alten Omi hinter mir die Karte. Diese knibbelte verkrampft die Augen zusammen und versuchte die Karte in den massigen Händen der wilden Mitarbeiterin zu erkennen. Meine Unterschrift war sehr blass, aber sie war eindeutig zu erkennen. Die Aufmerksamkeit des Ladens, wenn nicht sogar der ganzen Stadt oder vielleicht des ganzen Landes war gerade voll und ganz bei uns. Wir diskutierten eine Weile über die Anwesenheit meiner Unterschrift auf der EC Karte. „Wenn ich diese Karte irgendwo geklaut hätte, dann hätte ich hier richtig auf die Kacke gehauen und mir nicht nur einen Eiergarer für 18,99 € und ein Duschgel für 0,95 € gekauft!" Muffelig ließ sie mich mit meiner behinderten EC Karte bezahlen. Leicht amüsiert verließ ich den Laden. Wow, was eine zuvorkommende und kundenorientierte Bedienung. Ich blickte mein neues Eiergarer Baby liebevoll an und vergaß den bissigen Terrier an der Kasse.

Nach einem halben Arbeitstag und einer unkontrollierten Packaktion, ging es nachmittags gen Hamburg. Eigentlich hätte ich an dem Wochenende ein Seminar gehabt, aber uneigentlich wurde dieses Seminar ziemlich kurzfristig abgesagt. So kurzfristig, dass mein Hotel sich geweigert hatte, das Zimmer zu stornieren. Somit blieb mir nichts anderes übrig, als das Beste draus zu machen. Ich erreichte Freitagabend das Hotel. Es war definitiv das coolste Hotel, was ich je betreten hatte. Da kam noch nicht einmal der

Aufenthalt in einer Schweizer Jugendherberge gegen an. Das Zimmer war perfekt durch gestylt und moderner, als ich es je sein könnte. Die Tapete war in retromoderner Kreisoptik, der Teppichboden grau und flauschig und das Badezimmer verfügte neben der absolut konsequent durchgezogenen, hippen Optik über eine rote Wärmelampe. Da bekam man doch glatt ein klein wenig stress, wenn man zu lange im Bad unter der roten Lampe hockte und das rote Licht nach draußen schien. Man durfte niemals im Leben vergessen, wo man sich gerade befand. Und Rotlicht in Hamburg konnte schwer in die Hose gehen.

Aus heiterem Himmel sagte mir eine innere Stimme, dass ich doch schon mal die Laufsachen für den morgigen Lauf zu Recht legen solle. Ich wühlte mich durch meine Reisetasche und schmiss alles schön chaotisch auf einen Berg. Et voilà, da war der Grund für mein unterbewusstes Stimmchen. Ich hatte meine Laufhose zu Hause vergessen. Wir riefen uns nochmal den Ort meiner Unterkunft ins Gedächtnis. Hamburg. In Hamburg sollte man sich weder zu lange im Rotlicht, noch ohne Hose fortbewegen. Mein Nüchternlauf war hiermit offiziell gecancelt. Spontan fiel mir eine außerordentlich kranke Idee ein. Ich hatte in einem Buch etwas über Kniebeugen Urlaub gelesen. Ich hatte dieses Kapitel nur überflogen, aber Kniebeugen waren eine großartige Komplexübung, die auch bestens die Schwachstellen des Laufens ausbügeln konnte. Mein absolut durch geknalltes Hirn verabschiedete sich von dem bisher so straight durch gezogenen Trainingsplan und disponierte um. Samstag würde ich 1000 Kniebeugen knüppeln. Ob das realistisch, geschweige denn sinnvoll war, wollte ich vor dem Schlafen gehen nicht mehr klären. Stattdessen kramte ich in meinen Aufzeichnungen nach meinem Erlebnis in der Schweizer Jugendherberge. Der Plan hatte damals vorgesehen, den Neujahrsmarathon in Zürich zu laufen. Aber auch in diesem Falle gab es eine unwesentliche Abweichung in der Ausführung.

Donnerstag, 31.Dezember 2015
Liebes Tagebuch,
meine kleine „Silvester Abenteuerreise" hatte bereits unplanmäßig begonnen. Ich hatte geplant, auf meinem Weg nach Zürich in einem Kloster Zwischenstopp zu machen, um mich dort bekehren zu lassen. Oder zumindest vernünftig Nachtruhe zu halten. Allerdings hatte noch nicht einmal die Umsetzung der Nachtruhe funktioniert. Geschweige denn die Sache mit der Bekehrung. Meine Fahrt ins Kloster hingegen hatte bestens geklappt. Auf dem Weg dorthin habe ich eine Rast im Puma Outlet gemacht, was für mich dem Paradies gleich kam. Verdrehte Reihenfolge. Erst Paradies, dann Kloster. Nach dem Outlet sündigte ich dann noch mit einem Stück Kuchen. Das konnte ich dann wenigstens im Kloster beichten. Das Stück Kuchen war tatsächlich eines der krassesten, das ich je gegessen hatte. Es war eine Mischung aus Creme, Karamell, Nüssen und Schokokuchenbröseln. Ich musste bei dem Verzehr schwer an mich halten, nicht in lüsternem Gestöhne auszubrechen.

Ich erreichte die Mauern des Klosters im Dunkeln und war sofort voller Ehrfurcht. Ich stand mit meiner pinken Sporttasche und meinem Rucksack vor einem riesigen, eisernen Tor. Aus meinem Rucksack lugte mein kleiner Reisebegleiter hervor. Eine Plüschrobbe namens Rupert. Da standen wir zwei nun im Dunkeln vor der verschlossener Tür. Ich suchte nach einer Klingel. Und tatsächlich fand ich eine. Ich drückte und es klingelte. Sofort meldete sich eine liebenswerte Nonne und gewährte mir Einlass. Ich schlappte mit meinen Sachen hinein ins Kloster und wurde von einer Nonne freundlich in Empfang genommen. Sie zeigte mir mein Zimmer mit dem Namen St. Benedikt und diverse Örtlichkeiten. Nach der kleinen Einführung machte ich es mir auf meiner Kammer gemütlich. Das würde sicher ein Ort der Tiefenentspannung und Ruhe werden. Über meinem Bettchen passte nicht nur Jesus auf mich auf, sondern auch St. Benedikt. Was auch immer er für ein Heiliger gewesen war. Es konnte nicht viel schief gehen. Dachte ich. Nach einer kleinen Lesestunde machte ich mich bettfertig und legte mich schlafen. Von Stille und Entspannung keine Spur. Auf dem Flur böllerten andere Gäste und neben an schnarchte einer, dass die Wände wackelten. Halleluja, beim nächsten Mal wollte ich eine Kammer, die vom Schutzpatron des Schnarchens beschützt wurde. Ich wälzte mich schlaflos unter Jesus und Benedikt hin und her und kam nicht zur Ruhe. Wie sollte ich nur so unausgeschlafen die nächste Nacht durchlaufen? Vielleicht wäre es besser den Nachtmarathon zu cancellen. Außerdem sollte es in der

Silvesternacht Niederschlag geben. Und kalt würde es auch werden. Nichts für mich Frostbeule. Ich entschloss die Aktion zu stornieren. Schlafen konnte ich trotzdem nicht und lauschte stattdessen dem Gegrunze meines Nachbarn. Eine Klosternacht hatte ich mir irgendwie „schnarchfreier" vorgestellt. Meine Füße waren eiskalt. Mit kalten Füßen konnte man auch einfach nicht schlafen. Ich stand mitten in der Nacht auf und steckte die Füße ins Waschbecken, um sie aufzuwärmen. Die Heizung der kleinen Kammer drehte ich voll auf und schmierte mir die Füße mit einer Wärmecreme ein. Langsam wurden die Dinger warm. Aber schlafen war dennoch nicht drin. Zumindest rutschte ich zeitweise in einen schlafähnlichen Zustand. Um 8:00 Uhr pellte ich mich dann aus meinem Bett und kippte mir eiskaltes Klosterwasser ins Gesicht. Die Kammer hatte mittlerweile gefühlte 100°C und meine Haut war heiß und trocken. Mein Reiseproviant in meinem Rucksack war wahrscheinlich auch schon gar und aus dem Käse hätte ich bestens ein „Frühstücks Raclette" zaubern können. Ich sah aus, als hätte ich drei Wochen kein Auge zu gemacht. Aber immerhin war ich nicht mehr ganz so abgeneigt mein ursprüngliches Vorhaben doch umzusetzen. Es würde hart werden, aber warum nicht. Leicht kann schließlich jeder. Ich zog mich an und machte mich auf den Weg durch die Katakomben in den Frühstückssaal. Ein üppiges Buffet erwartete mich. Ich packte mir Wurst, Käse und ein Ei auf den Teller. Dazu noch die Petersiliendeko, ein Schüsselchen mit Quark und frischem Obst. Und natürlich belebenden

Kaffee. Die Gäste und das Personal um mich herum waren auffallend herzlich und freundlich. Fast schon irritierend. Ich überlegte, ob ich noch Creme im Gesicht hatte oder irgendwas anderes. Hatte ich ausversehen meine Robbe Rupert mit an den Esstisch genommen? Nein, es waren einfach fröhliche und positive Menschen. Auffallend. Nach meinem Frühstück entschloss ich mich, meine Reise gen Zürich doch fortzusetzen. Wer brauchte schon Schlaf? Ich packte meine Taschen und Rupert und verabschiedete mich von meinem Schlafgemacht St. Benedikt. Ich irrte eine Weile durch die verzweigten Gänge des Klosters und musste mir nach einer geschlagenen Viertelstunde eingestehen, dass ich alleine nie wieder raus finden würde. Ich fragte eine Dame, die sich gerade vertieft mit irgendwelchen Schriften beschäftigte. Sie zeigte mir den Weg und so checkten Rupert und ich aus dem Kloster aus. Irgendwie war ich doch verdammt müde. Da man erfahrungsgemäß auch nur mittelgut vorschlafen konnte, würde ich in diesem Zustand antreten. Aber erst wartete noch eine nicht zu unterschätzende Autofahrt auf mich. Im Geiste hatte ich den Marathon abgehakt. Es wäre eigentlich ziemlich dumm, ihn zu laufen. Ich fühlte mich auf Grund des Schlafmangels schon leicht angeschlagen und würde mir mit der Belastung auf jeden Fall eine Erkältung oder wer weiß was sonst noch einverleiben. Ich machte mich auf den Weg und hielt mir die Option, den Marathon doch zu laufen, insgeheim noch offen. Vielleicht würde ich der Müdigkeit einfach davon rennen. Diese optimistischen Gedanken sollten allerdings schneller verfliegen, als die Müdigkeit. Nach meiner Fahrt und dem Einchecken in einer Züricher Jugendherberge in einem Sechsbettzimmer, versuchte ich tatsächlich noch etwas zu ruhen. Dies funktionierte aber eher schlecht als recht. Viel zu aufgeregt war ich in Anbetracht der Tatsache, dass ich vor hatte, einen Marathon zu laufen. Zeitig machte ich mich auf den Weg zum Lauf. Ich wollte auf keinen Fall zu spät kommen und irgendwie war ich schon etwas verunsichert, da ich noch nie im Ausland einen Marathon gelaufen war. Eine weitere Herausforderung für mein putziges Frauenhirn war die Orientierung und das Bewegen im ausländischen Straßenverkehr. Auch wenn die Schweizer da sehr nah am deutschen System dran waren, beeindruckte es mich doch so sehr, dass ich mir fast vor Ehrfurcht in mein Laufhöschen machte. Aber halt nur fast. Ich erreichte problemlos den Start- und Zielbereich und bekam ohne weitere Überraschungen meine Startunterlagen. Es war 23 Uhr und ich hatte noch eine Stunde bis zum Start. Und bis Neujahr. Ich setzte mich alleine auf den Boden der Sporthalle. Das war ein sonderbares Silvester. Alleine war ich zwar streng genommen nicht, da viele andere Läufer um mich rum wuselten, aber dennoch war ich alleine und wartete einfach so vor mich hin. Mit dem Warten kroch die Müdigkeit immer stärker in mir hoch. Was war ich müde. Ich durchkramte den Startbeutel und fand einen Müsliriegel und ein Energiedrink. Ich verspeiste beides in der Hoffnung etwas wacher zu werden. Und in der Tat merkte ich das

Coffein. Der Zucker allerdings machte sich nachteilig bemerkbar. Meine Beine wurden eher weich und meine Wahrnehmung schwammig. Klarer Fall von der bösen Insulinfalle. Mein Adrenalin und die Aufregung reichten bei weitem nicht aus, um diesen Effekt zu kompensieren. Ich war einfach zu müde. Zum Glück war dies ein Rundenlauf und ich könnte nach jeweils 10,55 km aussteigen. Vielleicht würde ich auch einfach nur eine Begrüßungsrunde im neuen Jahr drehen. Aber das wäre ganz schön schwach. Hatte ich wirklich sämtlichen Kampfgeist und Willen verloren? Wo war denn bitte der Grell hin, die 42,195 km zu bezwingen? Keine Ahnung wo er war, wahrscheinlich war im Kloster der Heilige Geist über mich gekommen. Der Countdown lief. Das Jahr neigte sich dem Ende zu, der Start des Marathons und das neue Jahr näherten sich mit großen Schritten. Und dann war es so weit. Mit großem Getöse startete der Lauf. Eine grandiose Atmosphäre. Überall am Himmel explodierten bunte Silvesterraketen, während sich eine bunte und beleuchtete Läuferschlange auf einen mit Fackeln gesäumten Weg durch die Nacht machte.

Dafür hatte sich das Herkommen bereits gelohnt. Ich wusste gar nicht, wo ich zuerst hin gucken sollte. Ich blickte hin und her. Der wackelnde Lichtkegel meiner Stirnlampe machte mich etwas schwindelig. Oder war es die Unterzuckerung vom Energiedrink, die mich ganz matschig im Kopf machte? Wo auch immer es her kam, es machte mich unsicher. Die Müdigkeit war trotz der tollen und aufregenden Atmosphäre wieder präsent und die Beine fühlten sich weich an, wie Sechsminuteneier. So würde das hier heute nix geben. Die Kilometer vergingen nur in Zeitlupe. Dies lag an der Tatsache, dass ich mich in Zeitlupe bewegte. Für ein paar Kilometer hoffte ich, dass sich mein Empfinden noch ändern würde, da die Strecke und die Atmosphäre einfach toll waren. Nach fünf Kilometern war ich mir dann allerdings sicher, dass heute ein Marathonversuch nicht gut für mich wäre. Hatte der Schweinehund gesiegt? War ich einfach zu bequem zum Marathon laufen? Ich fühlte mich nicht stabil, die ganze Nacht durch zu laufen. Ein Problem war auch die Tatsache, dass ich nach dem Lauf noch fast 20 km Auto fahren musste und alleine unterwegs war. Und ich war bereits jetzt müde und schwammig im Köpfchen von dem wenigen Schlaf. Ich entschloss mich, den Lauf nach einer Runde zu beenden und kein schlechtes Gefühl wegen des misslungenen Marathonversuchs zu haben, sondern nur Freude über die neue Erfahrung zu empfinden. Ich beendete wie geplant und merkte sogar nach der einen Runde eine merkwürdige Erschöpfung und Leere in den Beinen. Ich war einfach neben der Spur. Aber das gehört auch zum Leben. Und mitten in der Nacht einen Marathon zu laufen, war vielleicht auch gar nicht so Mega üblich. Ich zog mich um und machte mich auf die Heimreise in mein Sechsbettzimmer.

In Zürich war noch die Hölle los. Kein Wunder, es war schließlich Silvester und überall strömten die Leute aus den Clubs nach Hause. Es war nach zwei Uhr und eine recht gängige Zeit zum Heim gehen. Ich fuhr, von der Müdigkeit *gebeutelt, total routiniert durch die aufregende Stadt. Das, was mir am Tage noch Angst und Schrecken eingejagt hatte, war nun vollkommen nebensächlich. Als würde ich jeden Tag durch Zürich fahren, kutschierte ich meinen Wagen durch die Schweizer Großstadt bis zu meiner Jugendherberge. Dort war ebenfalls noch die Hölle los. Die Jugendlichen tanzten ausgelassen in den Räumlichkeiten herum. Es ging mittlerweile auf drei Uhr zu. Ich schlappte in mein Zimmer. Dort lagen bereits zwei Mädchen in ihren Betten. Die einzigen noch freien Betten waren die Oberen der Stockwerkbetten. Ich kletterte leise rauf, um die beiden Mädels nicht zu wecken und stellte fest, dass mein Bett noch gar nicht bezogen war. Das hatte ich im Laufe des Lebens vergessen. Zu sehr war ich gewohnt, dass in Hotels immer alles fertig war. Nur schlafen musste man selbst und bereits damit war ich ja erfahrungsgemäß schon überfordert. Im Dunkeln versuchte ich leise mein Bett zu beziehen, ohne von dem Etagenbett abzuschmieren oder gar mir meinen Kopf an der Decke zu stoßen. Während ich umständlich das Bett in sein Bettzeug popelte, flog die Tür auf und das Licht ging an. Zwei spanische Mädchen, die nun auch fertig mit ihrer Silvesterparty waren, machten sich bettfein. Das Ganze allerdings mit enorm spanischem Temperament. Sie unterhielten sich lautstark auf Spanisch und ließen sich alle Zeit der Welt. Ich hatte mittlerweile mein Bett komplett bezogen und hatte mich schon schlafen gelegt, als die beiden noch lange nicht fertig waren. Es ging mittlerweile auf halb vier zu. Ich war todmüde. Irgendwann war endlich Ruhe und das Licht wurde gelöscht. Nach einer Weile wackelte dann allerdings mein Hochbett. Jedes Mal wenn sich meine spanische Zimmergenossin rumdrehte, wackelte das ganze Gestell. Na das konnte ja eine Nacht geben. Als ich irgendwann in einen schlafähnlichen Zustand eingetaucht war, schrillte allerdings ein Handy los. Natürlich handelte es sich dabei um ein temperamentvolles spanisches Handy. Eins der Mädels fing sich an zu bewegen und machte unliebsam das Licht an. Sie zog sich an und packte ihre Sachen. Ich guckte auf meine Uhr. Es waren noch keine sechs Uhr. Heiliger Benedikt, ich hatte noch keine Stunde wirklich geschlafen. Ich versuchte noch einmal einzuschlafen. Alles was ich schaffte war nur ein Dämmerzustand. Gegen acht schälte ich mich aus dem Etagenbett und kroch zum Frühstücksbuffet. Ich fühlte mich wie ein Kadaver. Nach einem Teller voller Käse, Wurst und körnigem Frischkäse, sowie einem Schälchen Joghurt mit Obst wurden ein paar kleine Geister wach. In diesem Zustand durfte ich nun 700 km Auto fahren. Yipphie ya yeah! Nach drei Tassen Kaffee und einer ausgiebigen Dusche ging es dann auf eine gefühlt ewige Reise nach Hause. Immer wieder musste ich anhalten, schlafen, Kaffee trinken oder ein paar Schritte auf und ab laufen. Das Abendteuer Neujahrmarathon hatte mir auf jeden Fall einen unvergesslichen Neujahrstag im Auto eingebrockt.*

Samstag, 22. April 2017

Liebes Tagebuch,

willkommen zurück in der Gegenwart. Die Einschätzung der Lage bzw. der eingepackten Klamotten in meiner Reisetasche, entpuppte sich als noch schlechter, als auf den ersten Blick angenommen. Nicht nur die Laufhose lag noch zu Hause, auch das komplette Schlafequipment hatte ich sicherheitshalber zu Hause gelassen. Das Allerwichtigste aber war, dass ich meine neue Eiergarmaschine mithatte. Und meine Erdnussbutter. Und mein Eiweißpulver. Und sechs rohe Eier. Und zwei Dosen Thunfisch. Und ein Apfel. Und eine Birne. Und eine Banane. Und Rosinen. Und einen Wasserkocher. Und löslichen Kaffee in normaler und entkoffeinierter Form. Allerdings hatte ich die Tasse hier für vergessen. Dafür aber 15 Bücher zum Lernen. Und ein Laptop zum Arbeiten. Und vier Unterhosen. Was hatte ich nur vor dem Packen für harte Drogen eingeworfen? Meine Nacht verbrachte ich in einem Laufshirt. Und nicht in irgendeinem Laufshirt. Es war ein Finishershirt vom Vivawest Marathon. Allerdings war ich damals nur den Halbmarathon gelaufen. So wurde ich heute Morgen in meinem Vivawest Funktionsshirt in diesem krass durchgestylten Hotelzimmer wach und erinnerte mich an diese Mega bekloppte Idee, 1000 Kniebeugen innerhalb von 24 Stunden zu machen. Ich dachte über die Planung nach. Ich würde viermal am Tag essen. Wenn ich nun vor jedem Essen 5 x 50 Kniebeugen machen würde, dann würde ich 1000 zusammen bekommen. Das klang easy.

Was waren schon 5 x 50 Kniebeugen? Das würde für mich ein Kindergeburtstag werden. Ich kroch etwas gebeutelt von der nur mittelprächtig geschlafenen Nacht aus dem Bettchen. Wie immer gab es einen kalten, vorbereiteten Tee. Nach einer kurzen Phase des Wachwerdens begann ich mein erstes Split. 5 x 50 Kniebeugen vor dem Frühstück. Was zum Henker war denn das? Nach 50 Kniebeugen schnaufte ich mir fast meine Lungenbläschen aus den Bronchien. Heiliger Bimbam, Kniebeugen waren anstrengender, als ich sie in Erinnerung hatte. Egal, weiter. Ich mache meinen zweiten 50er Block. Die Beine brannten. Der Hintern auch. Ich brauchte keine Stimmen, die mir befahlen irgendwelche Körperteile anzuzünden. Ich tat es aus freien Stücken auf meine Art und Weise. Wahrscheinlich war diese sogar noch verrückter. Ich machte den dritten 50er Block und war danach durch. Das musste reichen. Ich hatte für den Moment genug. Was war das überhaupt für eine an den Haaren herbei gezogene Idee? Da hatte ich nur die Worte „Kniebeugen Urlaub" auf geschnappt und hatte mir in den Kopf gesetzt, dass man im dreistelligen Bereich keinen Urlaub machen kann und mindestens 1000 machen muss. Zur Belohnung für die jämmerlichen 150 Frühstückskniebeugen gab es dann meinen Eiermantsch aus dem Eiergarer.

Nach dem Frühstück habe ich den ansässigen ALDI durchstöbert und bin tatsächlich über eine Laufhose für 7,99 € und eine Tasse in Pink mit Sternchen für 3,99 € gestolpert. Ich spürte es, dies war der Wendepunkt. Jetzt würde alles gut werden. Mit meinen Einkäufen bezog ich wieder mein Lager im Hotel. Eigentlich wollte ich noch ganz viel arbeiten. Und natürlich meine 1000 Kniebeugen zu Ende bringen. Die Treppenstufen rauf ins Hotelzimmer kam ich zwar bereits nach dem Frühstück kaum mehr hoch, aber das musste egal sein. Vor dem Mittagessen schob ich die zweite Kniebeugenummer dazwischen. Diesmal war ich nicht so schnell klein zu kriegen. Ich machte 6 x 50 Wiederholungen. Somit hatte ich einen Zwischenstand von 450. Die läppischen 550 Dinger würde ich mit Sicherheit auf der zweiten Tageshälfte noch schaffen. Nach dem zweiten Schwung „Squats", wie sie im Englischen heißen, begab ich mich in die degenerierende Position schlecht hin. Die Sitzposition. In Anbetracht der 450 bereits absolvierten Kniebeugen würde mein Hintern wahrscheinlich noch ein Nachsehen mit mir haben, wenn ich mich ein paar Stunden auf ihm ausruhen würde. Nach ein wenig Laptoparbeit wollte ich dann noch eine Schicht Squats zwischen schieben. Es war 14 Uhr und die Zeit lief. Ich kramte in meinem Handy nach der richtigen Musik und stieß mal wieder auf „Take That". Konnte es schlimmer noch kommen? Ich stellte das Handy auf maximale Lautstärke, willigte ein, dass lautes Hören zu Schädigungen führen kann und begann meine Kniebeugen mit der musikalischen Untermalung. Der Hintern fing langsam aber sicher an zu jammern. Die Oberschenkel wurden auch mit jeder Wiederholung straffer. Egal, einfach weiter. „Du willst die 1000? Also hohl sie Dir, Tiger!" Ich motivierte mich, jeden einzelnen Squat sauber durch zuführen und genoss ein klein wenig masochistisch die Schmerzen in meinen Muskeln. Das würde einen grandiosen Muskelkater geben. Auf dem Tischchen im Zimmer meines topmodernen Hotelzimmers stand ein kleines Bärchen, das mich bei meinen skurrilen Wochenendbeschäftigungen beobachtete. Er verzog keine Bärenmiene. 3 x 50 Kniebeugen mussten für den Augenblick reichen. Ich duschte mich mit meinem neu erworbenen Duschgel, das es beinahe nicht in meinen Besitz geschafft hätte, auf Grund meiner insuffizienten EC Kartenunterschrift. Ich spürte das Wasser, wie es an meinen zittrigen Beinen hinab lief. Es fühlte sich so verdammt gut an. Es war nun 14:30 Uhr und ich hatte 12 x 50 Kniebeugen weg. Nach Adam Riese musste ich nur noch 8 x 50 Kniebeugen abreißen. Das würde ich schaffen. Ich machte mich ausgehfein, stopfte ein paar Lernsachen in meinen Rucksack und wollte raus in die Welt. Was erleben. Auf die Kacke hauen. Das Hamburger Leben in vollen Zügen genießen. Mal wieder total eskalieren. Ich hatte keine 10 m Gehweg hinter mir, da zogen dicke, schwarze Wolken auf. Das würde garantiert gleich Regen geben. Aber egal, ich wollte mir einen schönen Platz zum Lernen suchen. Ich spazierte weiter und mein Blick fiel auf ein Schild. „Zentrum für Gesäßmedizin". Gesäßmedizin? Was um Himmelswillen war denn Gesäßmedizin? Ich las die Worte nochmal und erkannte den Fehler. Da stand nicht Gesäßmedizin, sondern Gefäßmedizin. Der Lesefehler ging ganz klar auf Kosten der vielen „arschanstrengenden" Kniebeugen. Da machte das Hirn dann schon mal aus einem Gefäß ein Gesäß. Nach ein paar aufregenden Metern Gehweg fing es dann tatsächlich an zu regnen. Der spektakuläre Ausflug war beendet. Ich drehte um und rettete mich in den ALDI. Warum nicht einfach nochmal shoppen? Ich wollte schließlich jetzt richtig einen drauf machen. Ich kaufte mir eine Flasche Mineralwasser mit maximalem Sprudelgehalt für die Produktion potenter Bäuerchen, eine Schale Himbeeren und eine Banane. Danach setzte ich mich in eine Bäckerei und genehmigte mir einen Espresso, während ich in meinen Lernsachen stöberte und mir wichtig erscheinende Fakten raus schrieb. Am Tisch hinter mir saßen zwei Frauen, die sich offensichtlich zum Schnacken getroffen hatte. Klarer Fall von Frauengesprächen bei einem Latte Macchiato . Die eine Dame grunzte immer wieder laut auf. Sie hatte ein Lachen, dass auch aus einer „Ben Stiller Komödie" hätte sein können. Es war ein lautes, viel zu lautes, gluckerndes Grunzen. Ich schreckte ein paar Mal aus meinen Heften auf. Dabei fiel mir ein Date aus meiner Jugend ein. Damals war ich mit meinem Schwarm ins Kino gegangen. Wir saßen etwas aufgeregt nebeneinander und mümmelten während der Werbung in unseren Popkorntüten rum. Und dann geschah es. Er lachte plötzlich los. Großer Gott, sowas hatte ich noch nie gehört. Die Reihen vor uns drehten sich irritiert zu uns rum. Mein Gesicht verfärbte sich tief rot. Was war das denn? Ich betete, dass das nur ein Versehen war oder eine Art Verschlucken oder gar ein Fehler in der Matrix.

Aber nein, dem war leider nicht so. Es geschah wieder und wieder. Er grunzte und gluckerte, wie ein Esel auf Ecstasy.

Und jetzt saß ich da, mit meinem kleinen Espresso und grinste leicht amüsiert vor mich hin. Ich lernte noch einen kleinen Augenblick weiter und begann derweil unterschwellig an meinem Squat Plan zu tüfteln. Vor dem Nachmittagssnack würde ich noch eine Rutsche machen, sowie vor dem Abendessen. Dann hätte ich es geschafft. Mir fiel dabei auf, wie wahnsinnig weit weg mein Marathontraining war. Meine Aufmerksamkeit kreiste nur um die 1000 Kniebeugen. Das hatte in der Tat etwas von Urlaub. Denn das war eine grundlegende Eigenschaft von Urlaub. Er holte einen aus dem Alltagstrott. Und diese Squats oder Kniebeugen würden mich noch lange an diesen Urlaub erinnern. Der Muskelkater würde mich wahrscheinlich die nächsten Tage auf Schritt und Tritt begleiten.

Ich packte meine Lernklamotten ein und verließ die Bäckerei. Auf ging es zur nächsten Runde Kniebeugen. Was war ich nur für eine Pistensau? Ich lachte ein wenig vor mich hin. Irgendwie war ich die Personifizierung der Langeweile. Ich schleppte mich artig die Treppen im Hotel bis in die 3. Etage rauf. Ich würde den Aufzug auch nicht nach 1000 Kniebeugen nehmen. In dem Hotelzimmer setzte ich mir den Hotelbären passend hin, schaltete die Musik auf dem Handy an und legte los. Vor allem der Hintern war mittlerweile echt gar. Die Oberschenkel ebenfalls. Die Muskeln brannten mittlerweile lichterloh. Der Bär guckte mich derweil etwas mitleidig an. Ich taufte den kleinen Kerl „Squati" und zog weitere vier Serien zu 50 Wiederholungen durch. Als ich fertig war, sprang ich vor Freude kurz in die Luft und grölte in gedämpfter Lautstärke „Never Forget" mit. Das war der Moment, in dem ich mir kurzzeitig Gedanken über meine geistige Gesundheit machte. Jetzt waren es nur noch 4 x 50 Kniebeugen. Ich machte mir zur Belohnung mein Essen. Danach ging es irgendwie so weiter wie vorher. Nur ohne weiteren ALDI Besuch. Zweimal exzessiver Kaufrausch mussten schließlich ausreichen. Nach ein paar Stündchen der Ruhe und bedächtiger Arbeit, habe ich mich dann auf den letzten Part Kniebeugen gestürzt. Die Motivation hatte stark abgenommen und die Beine und Gesäßmuskeln jammerten still vor sich hin. Ich zog die ersten drei Serien ohne Musik durch und konzentrierte mich nur auf den Bewegungsablauf. Meinen Blick ließ ich dabei über die Dächer Hamburgs schweifen. Und dann hatte ich endlich nur noch eine popelige Serie mit 50 Wiederholungen vor mir. Das war geschenkt. Ich machte mir für das Finale noch ein letztes Mal „Never Forget" an und arbeitete die letzten Dinger ab. Und dann hatte ich sie tatsächlich im Sack. 1000 Kniebeugen an einem Tag. Jetzt hatte ich aber wirklich genug Kniebeugenurlaub gemacht. Jetzt ging es aber wieder zurück ins Marathontraining.

Sonntag, 23.April 2017

Liebes Tagebuch,

von wegen Marathontraining. Ich wurde heute Morgen in meinem Hamburger Hotelzimmer wach und war verkatert, wie noch nie in diesem Training. Natürlich hatte ich mit Muskelkater gerechnet, aber mit so einem? Nun denn, ich hatte ohne hin keine Lust, in Hamburg meine Trainingsrunden zu drehen. Somit erübrigte sich die Sache mit dem Training in doppelter Hinsicht. Statt selbst zu trainieren, ging es vor der Heimreise noch zum Supporten in die Hamburger Innenstadt. Denn hier fand an diesem Sonntag der Hamburg Marathon statt. Ein Bekannter aus unserer Kenia Laufgruppe wollte hier seine Marathon Premiere feiern. Das Wetter war furchtbar durchwachsen. Es wechselte zwischen Hagel, Regen und Sonnenschein. Auf den nördlichen Wind war natürlich auch Verlass. Obwohl ich schon einige Marathons hinter mir hatte, war ich beim Anblick der ganzen Marathonis plötzlich voller Ehrfurcht. Ich konnte mir nicht vorstellen, in vier Wochen das gleiche zu tun. Ich kam mir vor wie eines der rohen Eier in meinem Gepäck. Mir schien, dass ich noch ohne Ende Garzeit benötigte, um bereit zu sein. Mit dem Verstreichen der Zeit am heutigen Tage, wurde die Beweglichkeit meines Körpers immer schlechter. Der Muskelkater meiner 1000 Squats Episode entwickelte sich zu einem garstigen Raubtier. Wahrscheinlich würde ich die ganze Woche davon zehren. Während ich die ganzen schnellen und ambitionierten Marathonis betrachtete, fing ich an, mein Training anzuzweifeln. Ich hatte keine Lust mehr auf meinen Trainingsplan. Mir war danach etwas zu ändern. Wie wäre es mit Zusatzergometereinheiten? Damit war ich immer gut gefahren. Und das im wahrsten Sinne des Wortes. Und vielleicht hier und da Doppeleinheiten. Oder sollte ich doch den geschmiedeten Plan einfach durch ziehen? Ich hatte keine Ahnung.

Mir wurde heute eines mal wieder klar. Ich musste den Druck raus nehmen. Es war unheimlich wichtig, einfach mal einen Gang runter zu schalten und los zu lassen. Im Moment fühlte ich mich von mir selbst getrieben und dies in vielen Bereichen. Mir saß mein eigener Ehrgeiz im Kreuz und versuchte, mich voran zu treiben. Unbedingt wollte ich Erfolg haben, beruflich und privat. Mein Trip nach Hamburg hatte mir ein paar Weisheiten mit auf den Weg gegeben.

1. Das Leben lief nie nach Plan. 2. Die Perfektion lag in der Liebe zum Detail. 3. Die Liebe war die treibende Kraft zum Erfolg. 4. Man muss jeden Moment in der Lage sein, frei und spontan zu sein. 5. 1000 Kniebeugen machen einen scheiß Muskelkater. 6. Es ist erst zu Ende, wenn es zu Ende ist. Letzteres war eine Botschaft auf einem Schild des Hotels. Die anderen Erkenntnisse gingen zum Teil auch auf Kosten des Hotels, was mir eindrucksvoll gezeigt hatte, wie wichtig es war, konsequent seinen Stil durch zu ziehen. Für mich stellte sich gerade die Frage, was mein Stil war. Wie wollte ich trainieren? Was war mein Konzept zum Thema Marathon, Training und Leben? All die Fragen im Leben eines Homo Sapiens, die einen früher oder später ins

Straucheln brachten. Ich weiß gerade noch nicht, wie die nächsten Wochen weiter gehen werden. Vielleicht so wie die letzten Wochen. Brav nach meinem Plan. Vielleicht aber auch komplett anders.

Montag, 24.April 2017
Gewicht: 59,0 kg
Liebes Tagebuch,
mein Muskelkater hat sich über Nacht noch weiter gesteigert. Ich glaube es ist sogar die Krönung in meinem bisherigen Leben als langweiliger und zugleich etwas verrückter Homo Sapiens. Das darf man eigentlich keinem erzählen. Da rennt man Ultramarathons und zig Marathons in seinem Leben und erntet nicht im Ansatz so viel muskulären Schaden, wie nach 1000 einsamen Squats in einem Hamburger Hotelzimmer. Dafür hatte ich weder eine Medaille, noch eine Urkunde und geschweige denn Applaus erhalten. An diesem Samstag war einzig und allein ein unbändiger Wille dafür verantwortlich, diese 1000 Kniebeugen zu schaffen. Alles andere war egal. Ich benötigte keine Anfeuerungen und keinen tieferen Sinn. Ich wollte einfach etwas schaffen, was ich mir vorgenommen hatte. Dieser Sachverhalt amüsierte mich schon ein klein wenig. Selbst nach dem geballerten Halbmarathon in Paderborn hatte ich keinen Muskelkater und nun platzten mir die Beine. Im Moment konnte ich mir nicht vorstellen, dass der Muskelkater jemals wieder verschwinden würde.

Ich musste es als eine Art anhaltende Urlaubserholung hinnehmen.

Meine Trainingsplanung hatte ich tatsächlich komplott über den Haufen geworfen. Ab heute würde ein anderer Wind wehen. Gemäß dem Motto „der denkende Mensch ändert seine Meinung und auch seinen Trainingsplan" hatte ich mehrere Anpassungen vorgenommen. Durch die Änderung der Trainingsinhalte musste auch meine Essensplanung angepasst werden.

Hier ein paar Erklärungen zu der Modifizierung meines Trainings. Die Ergometereinheiten wurden wieder ins Training aufgenommen, da sich die Kraftausdauer, sowie die maximale Sauerstoffaufnahmekapazität damit noch effektiver trainieren lassen. Zudem konnte man durch die Ergometereinheiten den Umfang steigern, ohne die Laufstrukturen weiter zu belasten. Die Verbindung mit dem Leguanolauf im direkten Anschluss beruhte auf der guten Erfahrung der Koppeleinheit. Durch das unmittelbare Verbinden der beiden Einheiten erhielt man einen ordentlich langen Trainingsreiz. Und wenn ich eines benötigte, dann waren es Belastungen, die meinen Körper darauf vorbereiteten, lange zu arbeiten. Das Ausweiten der Leguanoläufe hatte das Ziel, mit möglichst ruhigem Puls und geringer Kreislaufbelastung, einen maximalen Reiz auf die Stabilität und Kräftigung meiner Fuß-, Waden- und Beinmuskeln zu erzielen. Die eingebauten Zugübungen sollten die Dysbalance in meinem Rücken ausbügeln. Denn Druck- und Zugübungen sollten immer im Gleichgewicht

sein. Meine Rückenproblematik war wahrscheinlich auf ein derartiges Ungleichgewicht zurück zu führen. Die grundsätzliche Form des Nüchterntrainings wurde beibehalten und mit ein paar abendlichen Einheiten ergänzt. Die 10 x 400 m Intervalle sind rausgeflogen, weil sie nichts mehr mit der konkreten Marathonspezifik zu tun hatten. Stattdessen wurde ein Lauf im Marathontempo eingeschoben. Eine weitere Änderung war die Einführung von Wettkämpfen als Tempoeinheit. Dies mochte anstrengender sein, aber dafür machte es mir umso mehr Freude. Und natürlich hatte ich Kniebeugen als Training für meine „Rückseite" mehrmals wöchentlich integriert. Es war wichtig, einen starken und kräftigen Hintern zu haben, um die Hüfte und das Becken während des Laufens zu stabilisieren. Um meinen Körper noch schön beweglich und geschmeidig zu halten, würde es jeden Tag Mobilisierungs- und Dehneinheiten geben. Für die Entspannung würde ich mit Flow Yoga, Sauna und Co. angreifen. Soweit, so gut.
Mit meinen total verspannten Beinen war die Umsetzung natürlich leichter gedacht als getan. Allein das Aufstehen aus dem Bett stellte sich heute Morgen um 5:30 Uhr etwas schwerfällig dar. Aber zum Glück blieb einem immer die Möglichkeit, auf allen Vieren zu krabbeln. Nach meinem neuen Plan stand eine Stunde Ergometer plus Zugübungen plus 30 Minuten Leguanolauf an. Mein Ergometer hatte ich schon seit Ewigkeiten nicht mehr beglückt und dies machte sich auch in Form von absolut unbrauchbarem und schnell erschöpftem Sitzfleisch bemerkbar. Ich rutschte bereits

nach 15 Minuten hin und her und konnte nicht mehr sitzen. Das Wechseln in den Wiegetritt linderte zwar die Schmerzen in meinem Hintern, aber führten zu unerträglichen Muskelkatersymptomen in meinen Oberschenkeln. Armes, verkatertes und durchgeknalltes Häschen, konnte weder schmerzfrei hoppeln, noch sitzen. Zur Belustigung und Unterhaltung hatte ich mir ordentlich Musik aufgedreht. Diesmal zwar kein „Take That", dafür aber ein Best of aus dem Jahr 2000. In diesem Jahr hatte ich meinen Realschulabschluss gemacht und musste mich schweren Herzens von einer Schule trennen, in der mein damaliger Schwarm arbeitete. Natürlich hatte zu meiner Jugend auch die eine oder andere Verliebtheit gehört. Die Musik aus dieser Zeit erweckte tief vergrabene Emotionen. Ich war froh, dass ich nicht mehr 16 war und mittlerweise wusste, was ich wollte. Tat ich das? Hatte ich nicht gestern noch ein paar Fragen in den Raum geworfen, die alles andere als zielgerichtet waren? Aber wenigstens lief ich nicht mehr als verliebter Psychogroupie irgendwelchen Lehrern hinterher. Das war eine enorme Steigerung. Beim Hören musste ich mehrere Lieder schmerzerfüllt überspringen. Denn sie waren grausamer, als die Symbiose aus unzureichendem Sitzfleisch und Muskelkater. Dazu gehörte „Ich vermiss Dich wie die Hölle" von Zlatko und ich befürchtete, dass ich trotz der schnellen Reaktion einen in den Wahnsinn treibenden Ohrwurm generiert hatte. Nach meiner musikalischen Zeitreise auf dem Ergometer ging es noch auf eine kleine Laufrunde, inklusive Abstecher auf einen Spielplatz. Nicht etwa um mich wie in längst vergangenen Tagen im Sandkasten einzubuddeln, sondern um meine Zugübungen abzuarbeiten. Dies fiel mir schwerer als erwartet. Was war ich nur für ein schlaffer Sack. Mit Ach und Krach machte ich ein paar Wiederholungen und begab mich danach auf meine Laufrunde. Der Muskelkater der 1000 Squats war nicht zu verleugnen. Bei jedem Schritt waberte eine gewaltige Masse an zerstörten Muskelfasern in meinem Quadrizeps hin und her. Hoffentlich würde das die nächsten Tage repariert sein, sonst würde der 35er Long Run echt bitter werden. Die Hoffnung starb bekanntlich zu Letzt und bis Donnerstag hatte ich noch genügend Zeit, den Schaden zu eliminieren. Den restlichen Tag kroch ich bei fett- und eiweißreichem Futter durch die Gegend und verkniff mir lautes Gejammer, um Erklärungen zu meinem Zustand zu vermeiden.

Dienstag, 25.April 2017
Gewicht: 59,4 kg
Liebes Tagebuch,
ich fange mit den positiven Dingen an. Ich habe sehr gut geschlafen und mein Rücken ist auch in einem richtig guten Zustand. Nun krame ich noch nach ein paar anderen positiven Eigenschaften meines heutigen Zustandes. Ich lebte und war gesund. Ich musste nicht frieren und hatte alle standardisierten Luxusgüter unserer westlichen Welt zur Verfügung. Auch wenn ich mich limitiert ernährte, musste ich keinen Hunger leiden. Alles war gut. Der

restliche Teil, den ich nun bemängeln würde, wenn mir danach wäre, hatte ich mir selbst eingebrockt. Der Muskelkater war noch immer ziemlich einschränkend. Aber ich hatte es so gewollt und nun sollte ich stolz auf die hirnrissige Aktion sein. Heute Morgen stand ein Lauf im Marathontempo an. Zwei Kilometer einlaufen, dann zehn Kilometer ziehen und dann zwei Kilometer auslaufen. Ich fühlte mich voll. Von vorne bis hinten und von oben bis unten voll. Meine Beine hatten immer noch ihren Elefantenstyle. Ich war ein wandelndes Wasserspeicherbecken. Und das bestätigte mir auch die Waage. Ich machte mich laufbereit und dies sah an diesem Morgen etwas anders aus. Es regnete. Ein klarer Cut in meiner Vorbereitung war fest zu stellen. Nicht nur mein Plan hatte sich geändert. Mir schien, dass alles gerade eine ungeplante Wendung nahm. Das Wetter war grauslich, mein Körper fühlte sich platt an und mein Ruhepuls hatte auch einen Ausschlag nach oben gemacht. In meinen Regenklamotten machte ich mich mit meinen traumatisierten Beinen auf die Reise. Es war 6:00 Uhr und durch das trübe Wetter war es heute noch wesentlich dunkler als sonst. Ich trabte mich zwei Kilometer ein und die Beine fühlten sich mit jedem Schritt etwas besser an. Dann ging es los. Zehn Kilometer im Marathontempo. Go! Die Beine waren zu. Ich bewegte mich heute nicht nur im gewünschten Marathontempo, sondern hatte bereits Marathonbeine. Das war das Gefühl, das sich jenseits von Kilometer 30 in den Beinen entfaltet und einem den

Wunsch nach dem Zielbogen erscheinen lässt, wie eine Oase inmitten einer Wüste. Ich lief nach Gefühl und ignorierte meine Uhr. Heute würde es nicht gehen. Wenn ich mich platt laufen würde, hätte ich nichts gewonnen. Ich musste aus meinem Zustand das Beste rausholen. Apropos rausholen. Ich fühlte mich nicht nur voll hinsichtlich meines Wasserhaushaltes. Mein Darm war ebenfalls am Anschlag. Ich musste mal. Aber gewaltig. Ich bewegte mich durch die regennasse Landschaft und fühlte mich, wie einer dieser vollgestopften, kenianischen Kleinbusse. „Matatu never full" schallte es mir durch das Köpfchen. Diesen Ausspruch hatten wir in Kenia oft zu hören bekommen, wenn nach unserer deutschen Norm der Wagen eigentlich schon mehr als voll war und die Kenianer aber immer noch einen Passagier rein pressen wollten. Ich quälte mich mit einem immer größer werdenden Bedürfnis nach Entleerung. Mein Matatu war mehr als voll. Nix ging mehr. Ich musste den Lauf unterbrechen und einen Abstecher ins Gebüsch machen. Zum Glück war überall feuchtes Toilettenpapier in Form von nassen Blättern vorhanden. Nach meiner Unterbrechung ging es weiter. Die Beine fühlten sich wirklich an, wie auf den letzten Kilometern im Marathon. Ich lief weiter ein Tempo, das ich subjektiv auf einem Marathon einschlagen würde. Da ich schon eine gewisse Erfahrung hatte, wusste ich, mit welchem Gefühl ich bisher immer stabil durch einen Marathon gekommen war. Ich hatte keine Ahnung, was ich da gerade für ein Tempo lief. Wahrscheinlich würde es langsamer sein, als ich es für einen Marathon unter 3:30 benötigen würde. Aber heute war nicht Marathon. Ich musste los lassen. Nach den zügigen zehn Kilometern nahm ich das Tempo raus. Es regnete noch immer leicht. Es war ein durch und durch trüber Morgen. Nach insgesamt 14 Kilometern war ich wieder zu Hause. Ich freute mich auf eine heiße Dusche und mein Frühstück. Der Lauf war in der Tat schlechter, als ich es mir gewünscht hatte. Die Pace auf den zehn Kilometern lag bei 5:24 min auf den Kilometer. Ich versuchte nicht enttäuscht zu sein, sondern zufrieden zu sein mit dem was ich hatte.

Bei allem was ich tat, durfte ich nicht aus dem Auge verlieren, dass es um den Weg ging. Um das Jetzt. Mir musste Spaß machen, was ich tat. So lange mein Leben diesen Anspruch erfüllen würde, wäre es egal was am Ende für eine Zeit raus kommen würde. Wenn man es mit dem Leben vergleicht, dann war das Finishen vergleichbar mit dem Ende des Lebensweges. Und wenn man schlussendlich im Ziel angekommen und unzufrieden mit dem Resultat war, dann musste man wenigstens rückblickend zufrieden mit dem Weg sein. Wenn man stattdessen mit umgehangener Medaille zu tiefst frustriert war und dann auch noch unter der Last der anstrengenden Vorbereitung und Investition litt, hatte man etwas Grundlegendes falsch gemacht. Der Vorteil derer, die nicht viel investierten und nichts erwarteten, war, dass sie entspannter an ihre Aufgabe gingen, ihr Leben weiter lebten und keine gravierenden Entbehrungen aushalten mussten. Sie genossen ihren Weg und das war ihr Geheimnis. Wenn man versessen nur noch seine Leistung im Kopf hatte und die Freude vergaß, dann würde man einen unglücklichen Weg haben, der seinen Sinn nur in der Erfüllung des Zieles hatte. Würde man dieses nicht erreichen, fiel man in ein tiefes Loch der Frustration. Erreichte man es hingegen, würde man für einen kurzen Moment eine unheimliche Befriedigung empfinden. Nach ein paar Tagen der Routine würde sich aber auch ein Loch auf tun. Was nun? Das Ziel war weg, ein neuer Sinn musste her. Da man schon sehr viel investiert hatte, musste man nun noch mehr investieren. Man musste aufpassen, dass man nicht zu einer Marionette seiner verbissenen Ziele mutierte und fremdgesteuert durch sein Leben manövriert wurde. Niemals würde man in dieser Rolle zufrieden mit dem Jetzt sein und immer würde die Idee von einer besseren Existenz vorherrschend bleiben. Und dies betraf alle Bereiche, egal ob in sportlicher, finanzieller oder privater Hinsicht. Man musste lernen, das Gefühl des Mangels abzulegen und stattdessen das Gefühl der Fülle zu empfinden.

Und das hatte ich heute auf allen Ebenen ziemlich durchgezogen. Denn wenn ich eines nicht empfand, dann war es ein Gefühl der Leere. Im Laufe des Nachmittages hatte sich meine Befindlichkeit grundlegend verbessert. Obwohl ich mich nicht ausruhen konnte und ganz normal gearbeitet hatte, wurde alles besser. Mein Puls beruhigte sich, meine Beine wurden immer geschmeidiger und der Lebenssaft fing wieder an zu brodeln. Nach der Arbeit gab es noch eine zweite Trainingseinheit. Ein kurzes Workout mit Liegestützen, Beinscherencrunch und Kniebeugen, sowie ein 40 minütiger lockerer Lauf. Ich merkte zwar noch deutlich meine Kniebeugeneskalation, aber mein Körper war wieder gängig. Selbst die Kniebeugen im Workout gingen ohne Probleme. Mein erster Trainingstag mit zwei Einheiten ging mit einem guten Körpergefühl zu Ende. Natürlich war dieses geprägt von einem Erschöpfungszustand, aber von einem befriedigenden. Mit vollgefuttertem Bäuchlein habe ich den Abend artgerecht vor dem Ofen zu Ende gebracht. Es gab kaum was Entspannenderes als der Blick ins Feuer.

Mittwoch, 26. April 2017
Gewicht: 59,6 kg
Liebes Tagebuch,
wie Du siehst, waren ich und mein „Matatu" immer noch „full". Meine Nacht war etwas unruhig und nicht ganz so erholsam, wie die Nächte davor. Ich traue mich kaum es zu sagen, geschweige denn es zu schreiben, aber mein Rücken ist echt super. Den Magneten hatte ich letzte Nacht verbannt, da sich alles ziemlich gut angefühlt hatte. War mein Rückenproblem mit ausgleichenden Zugübungen wirklich erledigt? War der Drops gelutscht? Meine Beine hatten sich über Nacht auch wie durch Zauberhand normalisiert. Der freche Kniebeugenkater hatte sich verzogen. Freudig über den guten Zustand meiner Körperteile schwang ich mich um 5:30 Uhr von der Matte

und wappnete mich für ein weiteres Intermezzo mit meinem Ergometer. Heute stand das gleiche Programm an, wie Montag. Nur mit dem Unterschied, dass ich mich wieder bewegen konnte wie ein normaler Homo Sapiens und ich einen Tapetenwechsel hinsichtlich meiner Zugübungen unternommen hatte. Anstatt auf dem Spielplatz Klimmzüge in vertikaler und horizontaler Ausrichtung zu verrichten, habe ich mich heute unter den Küchentisch und an unsere heimeigene Klimmzugstange gehängt. Ich war schließlich raus aus dem Spielplatzalter. Die Klimmzüge fühlten sich immer noch schwerfällig und krüppelig an. Ziehen war echt nicht mein Spezialgebiet. Kein Wunder, dass sich meine Muskulatur so verzogen hatte. Wenn man immer nur drückt und an einer Seite Muskeln aufbaut, bekommt der Antagonist irgendwann Probleme.

Futtertechnisch gab es heute endlich wieder eine vernünftige Portion Kohlenhydrate. Serotonin fürs Hirn und Glykogenmaximierung für die Muskeln. Obwohl ich noch viele Hindernisse und Aufgaben in meinem derzeitigen Leben vor mir hatte und all meine Bemühungen anscheinend gerade keine Früchte trugen, war ich heute von vorne bis hinten glücklich. Ich freute mich über jedes einzelne Futter, die wiedergewonnene Mobilität und versuchte jeden Handgriff mit maximaler Hingabe zu machen. Wenn die Früchte nicht kommen würden, dann musste ich etwas ändern. Vielleicht fehlte ihnen etwas. Genügend Licht, Wasser oder andere Nährstoffe. Aber sie benötigten nun mal auch Zeit zum Reifen. Ich würde meinen „Pflänzchen" all das geben. Gut Ding will Weile haben.

Donnerstag, 27. April 2017
Gewicht: 59,0 kg
Liebes Tagebuch,
der heutige Tag stand wieder im Zeichen des „Long Runs". Am gestrigen Abend hatte ich begonnen, die Strecke des Vivawest Marathons zu studieren. Und genau mit diesem Streckenplan auf meiner internen Festplatte hatte ich mich heute auf die 35 km begeben. Mein Rücken war besser denn je und der Schlaf war auch wieder geschmeidig wie der eines Murmeltiers. Schliefen Murmeltiere überhaupt geschmeidig? What ever. Ich fühlte mich zumindest heute Morgen bereit für die grob geschätzten 3,5 Stunden laufen. Nach meinem täglichen Becher kalten Tee und einem zusätzlichen Espresso ging es ab. Naja, nicht im Sinne von ballern. Es war vielmehr ein voreinander setzen von Schritten. Meine Beine fühlten sich um Welten besser als die letzten Tage. Die Squats waren Geschichte. Der Nachtfrost hingegen war noch immer bitterkalte Realität. Mit den dicksten Handschuhen, einer warmen Mütze und meiner Winterjacke trabte ich durch die Felder. Es war Ende April und es fühlte sich an wie Januar. Auf den Wiesen hing eine dicke Nebelschicht. Aber zumindest war es trocken und recht freundlich. Ich hatte mir für diesen Morgen wieder die gleiche Route wie die letzten Wochen

ausgesucht. Allerdings mit zwei kleinen Extraschlenkern. So würde ich auf zwei ungefähr gleich große Runden kommen. Die Welt erwachte nach und nach zum Leben. Die Menschen machten sich auf den Weg zu ihrer Arbeit und die kleinen Menschlein machten sich nach und nach auf den Weg in ihre Schulen. Meine Beine fühlten sich nach dem gestrigen kohlenhydratreichen Essen ziemlich gut an. Die Strecke schien heute nur langsam zu vergehen. Ich teilte sie mir innerlich immer in kleine Abschnitte ein und irgendwie klebten meine Füße an den jeweiligen Etappen fest. Ich kam nicht weiter. Nach 18 km erreichte ich endlich wieder mein Zuhause. Die Hälfte hatte ich im Sack. Bergfest. Jetzt nur noch ein Bisschen. Ein bisschen 17 km. Ich trank einen phänomenal großen Schluck Kamillentee mit Maltodextrin, kletterte schnell auf die Pipibox und machte mich auf die zweite Runde. Es war noch immer kalt und ungemütlich. Meine Beine wurden heute gekleidet von der 7,99 € Hose aus Hamburg. Sie rutschte. Ich hatte mittlerweile aufgehört das Ding immer wieder zu korrigieren und mich damit abgefunden, dass es mir jetzt unterm Hintern hing. Das würde wahrscheinlich einen kleinen Wolf geben. Der Kater war schließlich raus, da war wieder Platz für neue Raubtiere. Ich dachte über die Strecke beim Vivawest Marathon nach. Ich bewegte mich virtuell gerade vom Nordsternpark Richtung Norden. Jetzt würde im Marathon der böse Abschnitt zwischen 25 und 33 kommen. Dies war für mich seit ich denken kann, also ein bisschen denken kann, der schwierigste Abschnitt. Ich hatte tatsächlich nur noch einen einzigen 35er vor mir. Dann würde ich mit dem Training durch sein und dann würde genau dieser gemeine Streckenabschnitt im Ruhrgebiet auf mich warten. Allein der Gedanke daran ließ meine Verdauung gleich ein paar Kontraktionen schneller arbeiten. Wenn ich mich gedanklich noch weiter damit beschäftigen würde, dann könnte ich mir gleich ein Gebüsch suchen. Ich hatte es kaum zu Ende gedacht, da durchschoss ein ausgewachsener Krampf meine Gedärme. Nicht schon wieder ein Verdauungsstopp. Zum Glück war der Anflug von Entleerung genauso schnell wieder verschwunden, wie er gekommen war. Meine Streckenabschnitte schlichen derweil weiter an mir vorbei. Der rote Faden der nicht vorüber gehen wollenden Kilometer hielt sich solide von Anfang bis Ende. Der einzige Trost war, dass ich mich wirklich gut fühlte. Generell waren die vergangenen langen Läufe die besten, die ich jemals gemacht hatte. In der Vergangenheit waren sie für mich immer das Armageddon des Marathon Trainings. Aber in diesem Trainingszyklus waren sie mir irgendwie ans Herz gewachsen. Auch wenn sie sich manchmal subjektiv etwas lang anfühlten. Ich steuerte auf Kilometer 30 zu und hatte mittlerweile einen leicht nörgelnden Magen. Er knurrte mit dem entstehenden Wolf in meinem Schritt um die Wette. Ich würde die 35 km schaffen, keine Frage. Ein Hase hoppelte vor mir über den Feldweg. Er sah mich und erschrak. Wie von der Tarantel gestochen fegte der Nager davon. Wäre ich jetzt auf der Jagd nach was Essbarem, wäre ich vollkommen aufgeschmissen. Mit meiner Beschleunigung und Spritzigkeit war es aus. Der Hase würde als Futter nicht in Frage kommen. Ich würde wahrscheinlich verhungern. Oder hätte ich vielleicht eine Chance bei der Jagd auf einen fetten Fasan? Vielleicht. Vielleicht würde er mich aber auch mit seinem hysterischen Geschrei eindrucksvoll verjagen. Ich würde verhungern oder alternativ ins Gras beißen. Ich näherte mich langsam aber sicher dem finalen Ende. Der Hunger wuchs. Auf einer Bank sah ich ein Pärchen, wie es vor sich hin turtelte. Beim Näherkommen diskutierten ein paar Gehirnzellen meiner Zentrale über die merkwürdige Frisur der Dame. Als ich noch ein paar Meter von der Bank entfernt war, musste ich meine Situationsanalyse korrigieren. Es handelte sich um einen Mann mit seinem Hund. Fing ich wieder an zu halluzinieren? Ein kleines grunzendes Kichern entwich mir. Ich brauchte dringend Zucker. Und eine Toilette. Langsam aber sicher musste ich wirklich mal austreten. Es waren nur noch zwei Kilometer und die immer näherkommende Toilette wirkte wie ein Magnet. Gleichermaßen verstärkte sich exponentiell mit jedem weiteren Schritt das Bedürfnis. Ich musste kneifen. Vor mir auf dem Feldweg huckte eine fette Taube und bewegte sich nicht vom Fleck. Was tat sie da? Kurz bevor ich sie passierte, flog sie behäbig davon. Sie hatte einen Riesen Taubenhaufen auf den Asphalt geknallt. Die Situation hatte ein klein wenig etwas von einer Fata Morgana in einer Wüste. Aber zum Glück würde ich gleich meine kleine sanitäre Oase erreichen. Nach 35 km finishte ich meinen „Long Run" und war mehr als glücklich. Immer wieder nicht in Worte zu fassen, wie schön es ist, einen Meilenstein im Training runter gerissen zu haben. Zudem fühlte ich mich noch richtig gut. Egal was in Gelsenkirchen passieren würde, das Training dafür sorgte für eine Menge guter Gefühle. Und die konnte mir keiner mehr nehmen. Auch nicht der Wolf im Schritt.

Freitag, 28. April 2017
Gewicht: 59,6 kg
Liebes Tagebuch,
an diesem wundervollen Morgen konnte ich endlich mal so richtig ausschlafen und mich der Regeneration hingeben. Kein geplantes Nüchterntraining, einfach nichts. Dieser Tag hatte in seinen Anfängen sozusagen etwas von einem Kurzurlaub. Rein theoretisch zumindest. In der Praxis sah die Kiste dann etwas anders aus. Ich wurde wach und war mir nicht sicher, ob da nicht wieder ein leichtes Zwicken in meinem Rücken zu spüren war. Der Wecker hielt noch den Schlaf der Gerechten. Ich war wach, aber trotzdem irgendwie müde. Schlafen konnte ich nicht mehr. Es war 6:20 Uhr und ich hielt es für überflüssig noch länger auf der Matte liegen zu bleiben. Ich robbte aus dem Bett und begab mich ins Bad. Mein Spiegelbild sah miserabel aus. Anscheinend hatte es nicht gut geschlafen. Nach den üblichen morgendlichen Abwicklungen schnappte ich mir die Klimmzugstange und klemmte sie in den Türrahmen. Ein paar Züge würden sicher der Regeneration keinen

sonderlichen Abbruch tun. Ich wechselte zwischen der Klimmzugstange und dem Küchentisch hin und her und zog meinen Körper etwas in der Gegend rum. Nach ein paar Durchgängen gönnte ich mir eine knackig kalte Dusche. Nach meinem kleinen „Willkommen im Tag Prozedere" musste ich bei einem weiteren Kontrollblick im Spiegel feststellen, dass der Heini jenseits des Spiegels immer noch aussah, wie nach einem Boxkampf gegen Vladimir Klitschko. Es gab zwei Erklärungen für diesen Umstand. Entweder hatte mein Spiegelbild wirklich ein KO im Schwergewicht hinter sich oder aber es war einfach gebeutelt von der anstrengenden Woche inklusive der nicht erholsamen Nacht. Ich ließ das armselig drein schauende Wesen alleine im Bad und machte mich zum Ort der Befriedung von Hunger und Durst. Es war immer wieder ungewohnt, ohne richtige Betätigung einfach los zu futtern. Nach dem Frühstück bereitete ich mir die Speisen für den späten Vormittag und den Nachmittag vor. Ich stopfte das Futter in meine Futterkruken. Ich hatte irgendwann den Geistesblitz, unsere 500 g Salbenkruken umzufunktionieren und mein Essen dort zu bunkern. Der Vorteil war, dass diese Dinger 100 % dicht waren und einem so die eine oder andere Sauerei im Rucksack erspart blieb. Außerdem waren sie recht platzsparend unterzubringen. Die einzige Gefahr war natürlich die Verwechslung mit Salben. Aber dies würde im schlimmsten Fall darin enden, dass sich ein Kunde meine Eierpampe mit Erdnussbutter und Banane ins Gesicht schmiert. Er würde es überleben.

Nach einem unspektakulären Arbeitstag, der ohne jegliche Krukenverwechslungen von Statten ging, stand noch meine heutige Aktivität auf dem Plan. Ein 15 Minuten Workout aus Kniebeugen, Beinscherencrunch und Liegestützen, sowie einem ruhigen 40 minütigen Lauf. Das Workout fluppte recht gut. Die Kniebeugen konnte ich wieder mit maximaler Spritzigkeit absolvieren. Das Laufen im Anschluss daran fühlte sich dementsprechend unspritzig an, da die Kniebeugen doch nicht ganz unbemerkt blieben. Ich hatte für diesen recht kurzen Lauf meine Schuhe gewechselt. Dies sollte man ja schließlich häufiger mal tun. Und so trampelte ich mit anderen Schuhen als sonst durch die Landschaft. Da ich die letzten Tage immer nur morgens in der Kälte gelaufen war, konnte ich meine Laufkleidung schlecht den gegebenen Umständen anpassen. Es war durchwachsen, windig und trüb. Wenngleich es etwas wärmer war als in den frühen Morgenstunden. Ich hatte mich für eine dünnere Jacke und ein langärmliges Fahrradtrikot entschieden. Der Vorteil des Trikots war ein eher funktioneller. Nach dem Workout war ich bereits verschwitzt und in diesem Zustand war es immer schwierig enge Sportklamotten drüber zu ziehen. Sie rollen sich dann immer zu wundervollen Würsten auf dem Rücken zusammen. Pfiffig wie ich war, umging ich dieses Problem, in dem ich meinen Torso einfach in ein Oberteil mit Reisverschluss steckte. Diese glorreiche Idee entpuppte sich beim Laufen einerseits als vorteilhaft und anderseits zu einer kompletten Fehleinschätzung der Lage. Natürlich hatte ich mir auch wieder ein Mützchen auf den Kopf gesetzt, sowie Handschuhe über die Hände gezogen. Ich wollte schließlich unter keinen Umständen frieren. Nach einem guten Kilometer war mir bereits viel zu warm. Ich zog die Mütze und die Handschuhe aus und stopfte sie in die Taschen des Trikots. So viel zu den Vorteilen des Trikots. Nach einem weiteren Kilometer kochte ich innerlich und fühlte mich wie eine Presswurst im Wasserbad. Mir lief der Schweiß nur so am Körper entlang und die Jacke spannte sich eng über Mütze und Handschuhe, die ich am Rücken lagerte. Wahrscheinlich sah ich damit aus, wie Quasimodo im Lauftraining. Ich steuerte auf einen kleinen Wald zu und erspähte zwischen den Bäumen ein geparktes Auto. Ein instinktiver Fluchtgedanke fegte mir durch die schwitzenden Windungen meiner grauen Substanz. Ob ich wohl lieber umdrehen sollte? Nicht, dass es sich um einen perversen Serienmörder handelte. Ich lief weiter. Was sollte schon passieren, ich sah aus wie Quasimodo und roch wie ein Saunahandtuch nach 20 Saunagängen. Aus unerfindlichen Gründen entwickelten vollgeschwitzte Fahrradtrikots ein ganz besonderes Aroma. Tapfer trabte ich an dem Auto vorbei und begegnete nur einem freundlichen Herrn. Von wegen Bösewicht. Alles war dem Augenschein nach zu urteilen in bester Ordnung. Ich verließ den Wald und ließ meine Füße wieder auf asphaltierte Feldwege. Die Hälfte hatte ich geschafft. Langsam aber sicher fingen meine Gedanken an zu quengeln. Ich hatte Hunger, mir war zu warm und ich wollte nach Hause. Jetzt.

Leicht amüsiert über die Tatsache, dass ich auf einem so kurzen Läufchen anfing gehirnintern rum zu mosern, lief ich brav weiter durch die Felder. Der Magen wurde indes auch immer lauter und offensiver. Immerhin musste ich nicht aufs Klo. Mein Rückweg nach Hause führte über eine leichte Anhöhe. Berg konnte man es beim besten Willen nicht nennen. Der Hunger explodierte förmlich und die Schweißabsonderung unter dem Fahrradtrikot erreichte ebenfalls ihr Maximum. Ein Auto mit Schweineanhänger überholte mich in diesem Moment der eskalierenden Schwäche. Der Schweinehund in mir schrie laut auf und freute sich über das passend bestellte „Schweinehund Taxi". Ein bisschen Schweinehänger fahren würde der Form bestimmt keinen Abbruch tun. Und benehmen wie ein Schweinchen konnte ich mich schließlich auch. Es sprach nichts gegen eine Fahrt im Schweineexpress. Während ich mir in meinem Kopfkino ausmalte, wie ich mit den Schweinen im Hänger zusammen huckte und wir uns über die unterschiedlichen Futtermittel austauschten, verschwand der Schweinehänger am Horizont. Ich erreichte mein Zuhause und stürmte ohne Umwege direkt zur Küche. Eines war klar. Heute würde ich mich nur noch mit Hamstern beschäftigen.

Samstag, 29. April 2017

Gewicht: 58,6 kg

Liebes Tagebuch,

die umfangreiche Woche hat Spuren hinterlassen. Ob es kostbare Trainingsspuren waren oder das Resultat eines übermotivierten Trainingsbornouts vermag ich nicht zu sagen. Meine Nacht war wieder nur mittelprächtig, was unter anderem auf eine zu kurze Reset Phase zurück zu führen war. Ich kam spät nach Hause, musste mir dann noch verzweifelt Extrafutter rein zwitschern und war dann sofort ins Bett gegangen.

Heute Morgen hieß es für mich dann wieder „Du musst Dir Dein Frühstück erst hart erarbeiten". Aber zum Glück fiel die Arbeit überschaubar aus. Es standen nur 5 km ruhiges Traben mit 5 Steigerungen an. Die Beine waren soweit ok. Der Puls ebenfalls. Der Körper fühlte sich allerdings nach Arbeit an. Am gestrigen Tag hatte ich irgendetwas gefuttert, was in meiner Darmflora für Furore sorgte. Neben mächtigem Getöse hatte ich den Abend damit verbracht, die Umwelt zu verpesten. Es war schockierend zu welcher geruchlichen Kreation so ein harmloser Darm fähig war. Damit würde ich keine grüne Plakette bekommen, geschweige denn mich frei in einer Umweltzone bewegen dürfen. Aber zum Glück waren wir noch nicht so weit, dass man sich Partikelfilter in die Unterbuchse kleben musste. Der Lauf ging nach einer guten halben Stunde ziemlich unspektakulär zu Ende. Ich hatte nur mal wieder furchtbaren Hunger und war froh, dass zwei

Tage der Kategorie kohlenhydratreich an der Reihe waren. Für morgen stand ein 10 km Citylauf in Neheim auf dem Plan. Voller kerniger Rennenergie steckte ich zwar nicht mehr, aber dennoch freute ich mich. Ich hatte bis dato 75 km in dieser Woche abgestrampelt, dazu zwei Stunden Ergometer, sowie tägliche Radfahrten zur Arbeit und mehrere Workouts und natürlich auch noch ein paar Stunden Reiten. Mein Aktivitätsvolumen war definitiv am oberen Anschlag. Die restliche Zeit verbrachte ich derzeit mit geschäftlichen Gedanken, Vorträgen, Workshops und anderen Dingen. Hatte ich eigentlich auch noch eine Seele oder einen Geist, der sich mit Unsinn beschäftigte? Ich hätte zum Beispiel meine ollen Gasabsonderungen einfach mal spontan anzünden sollen und hätte mich an einem wunderschönen, 100 % ökologisch abbaubarem Feuerwerk erfreuen können. Wobei eine echte Lady sowas natürlich niemals tun würde. Was sollten denn schließlich die Leute denken?

Zu diesem Thema fiel mir eine kleine Geschichte nach wahrer Begebenheit ein. Ich war jung und hatte ein Date. Es war in einem Lebensabschnitt, der in dieser Hinsicht geprägt war von nennen wir es mal „Unpässlichkeiten". Man könnte es aber auch so formulieren: Ich schoss einen Bock nach dem anderen. Einer dieser Böcke war ein Date mit einem Kerl, den ich über eine Internetplattform kennen gelernt hatte. Wir trafen uns nach langem Schriftverkehr in Köln. Der erste reale Eindruck war ok. Wir wissen alle, dass ok der kleine Bruder von kacke war. Aber bei diesem ok sollte es bei weitem nicht bleiben. Wir saßen beim Essen und „es" furzte laut. Schockiert rotteten sich alle Gehirnzellen in meiner Schädelkalotte zusammen und guckten raus. Was um Himmelswillen war das? Hatte das Date etwa gerade einen rausgehauen? Das konnte nicht sein. Wahrscheinlich war es nur das unglückliche Knarzen eines Stuhles. Und dann geschah es wieder. Die These mit dem Stuhl war hinfällig. Anstatt im Erdboden zu versinken, kommentierte mein Date seine Heldentat mit „Oh, was habe ich denn gestern gegessen?" Das war Alarmstufe rot. Mindestens. Ich verschwand auf der Toilette und schmiedete einen Plan. Durchfall. Ich hatte plötzlich Durchfall. Das ging immer. Und so fuhr ich mit plötzlichem Durchfall und den Worten „Ich weiß auch nicht, ich habe scheinbar gestern irgendwas Falsches gegessen" nach Hause. Also, ich weiß was sich gehört. Ich habe schließlich schon mal einen Knigge in der Hand gehalten. Das muss reichen, um zu existieren.

Sonntag, 30. April 2017
Gewicht: 58,4 kg
Liebes Tagebuch,
meine letzte Nacht war in Sachen Schlafqualität endlich wieder eine der vorzeigbaren. Wenngleich ich etwas wirre geträumt hatte. Aber wollen wir die Latte der Ansprüche nicht zu hochhängen. Es muss reichen, tief zu schlafen. Was machen da schon ein paar REM Phasen mit abgefackelten Autos, gebrochenen Oberarmen und anderen

Thrillerzuständen? Und außerdem muss auch in meinem Leben an irgendeiner Stelle die Post abgehen und wenn dies in meinen Träumen der Fall war, dann sei es drum. Der Wecker hatte mich heute um 6:16 Uhr aus einem brennenden Auto gerettet. Und dies mit dem wunderbar motivierenden Lied „Hey" von Yvonne Catterfeld . Mit den Textzeilen „Hey, sei nicht so hart zu Dir selbst, auch wenn gar nichts mehr hält, Du brauchst nur weiter zu gehen, komm nicht auf Scherben zum Stehen" fühlte ich mich aus meinem brennenden Traumauto direkt gut aufgehoben. Ich lauschte noch ein paar Minuten dem Lied und krabbelte dann unter der Decke hervor. Heute stand zwar kein Nüchterntraining an, aber dennoch musste ich mich heute zeitig in das wilde Leben schmeißen. Neben meinem Marathontraining gab es schließlich noch mein kleines Pony, was auch noch bespaßt werden wollte. Da der Nachmittag mit dem 10 km Rennen in Neheim belegt war, wollte ich möglichst früh den kleinen Racker bewegen. Und so stand ich um kurz nach sieben bereits bei ihm auf der Matte und machte ein kleines Reitworkout bei einer wunderschönen, sommerlichen Atmosphäre. Es war zwar noch recht frisch, aber der Himmel strahlte in einem klaren Blau und die Sonne schob sich motiviert den Horizont hinauf. Ein freundlicher Tag mit viel Sonne stand uns bevor. Ich war gespannt, wie gut ich die Reiteinheit vor dem Wettkampf verdauen würde. Sowas hatte ich zuvor noch nie probiert. Reiten war, wie schon erwähnt, durchaus anstrengend und keinesfalls in einer Kategorie zusammen mit Golf oder Schach. Da ich aber eh ziemlich mürbe von der ganzen Woche war, würde das bisschen reiten den Braten auch nicht mehr fett machen.

Nach der Arbeit kam dann das verdiente Vergnügen. Zumindest für das Pony. Ich brachte ihn auf die Wiese zu seinen Kumpels. Ich ging durch das Tor der Wiese und machte gedankenversunken den Strick von seinem Halfter und lies ihn los. Er war recht relaxed, da er ja seinen Frühsport schon hinter sich hatte. Aber grundsätzlich hatte ich in diesem Moment etwas grob Fahrlässiges getan. Dies ging in die Kategorie „Die Gefahren des Alltages, die Dir das Genick brechen". Die Stallbesitzerin, die auch gerade Pferde auf die Wiese brachte, machte mich darauf aufmerksam. Ich reflektierte mein Verhalten und mir wurde klar, dass ich tatsächlich etwas gemacht hatte, was ich normal bewusst nie tat und es aus reiner Gedankenlosigkeit gemacht hatte. Wenn Pferde auf die Wiese los gelassen werden, sollte man sie vorher umdrehen und sie erst dann losmachen. Ich hatte ihn einfach mit dem Kopf voran laufen lassen. Wenn ein Pferd dann ausgelassen los rennt und vor Freude nach hinten austritt, ist es aus. Und dies war einem Bekannten der Stallbesitzerin tatsächlich wiederfahren. Er war ein erfahrener Pferdehalter, der seit 20 Jahren Pferde hatte und ihm wurde genau das, was ich an diesem Morgen getan hatte, zum Verhängnis. Das Pferd rannte los, trat vor lauter Übermut nach hinten aus und traf ihn am Kopf. Er starb zwei Wochen später an den Hirnblutungen.

Ich möchte mit dieser kleinen Geschichte keinen
Pferderatgeber für Anfänger aus meinem Büchlein machen,
vielmehr möchte ich an ein bewussteres Handeln erinnern.
Die Tragödien und Unfälle, die jeden Tag auf der ganzen
Welt passierten, entstanden genau aus diesen alltäglichen
Dingen. Sei es auf dem Weg zum Bäcker, wo plötzlich ein
Auto aus einer Straße geschossen kam, wo vorher noch nie
eines raus kam oder aber das Haustier, das plötzlich etwas
tat, was es vorher noch nie getan hatte. Die Gefahr lauerte
in den kleinen Belanglosigkeiten des Alltags. Mit einer
Portion Achtsamkeit konnte man präventiv viel erreichen.
Den restlichen Tag bis zum Wettkampf verbrachte ich daher
hochachtsam in meerschweinchenähnlicher
Lebensgestaltung. Fressen, schlafen, fressen, schlafen,
fressen schlafen und so weiter. Das Schlafen wurde hin und
wieder ersetzt durch liegende Tätigkeiten, wie lernen und
Laptoparbeit. Die Unterbrechungen zwecks anderweitiger
Bedürfnisbefriedung will ich an dieser Stelle mal aussparen,
da sie bereits genügend Aufmerksamkeit erhalten hat. Um
noch ein kleinwenig Wellness und Mädchenkram in meinen
Tag einzustreuen, wollte ich mal wieder meine Fingernägel
mit einem neuerworbenen Nagellack bepinseln. Ich gehörte
nicht zu der Spezies Frau, die Talent hatte, sich hübsch zu
machen. Egal ob es die Frisur war oder aber schminken,
bemalen und Co. Wenn ich ganz viel Glück hatte, sah ich
nach solchen Aktionen nicht viel schlechter aus als vorher.
Dieses Glück wurde mir allerdings heute nicht zu Teil. In
meiner Vorstellung sahen meine Finger mit dem neuen

Nagellack so gut aus. Nach einer mühsamen Pinselaktion sahen meine Finger eher aus, wie die eines Malerlehrlings am ersten Ausbildungstag. Es sah furchtbar aus. Ich hegte noch einen Funken Hoffnung, dass ich die Übermalungen noch entfernen konnte, wenn alles trocken und hart war. Aber dazu sollte es erst gar nicht kommen. Ich hatte dieses Talent einfach nicht still halten zu können. Ich probierte Dinge zu tun, die der Ebenheit meiner frisch lackierten Nägel keinen Abbruch tun würden. So quälte ich mich minutenlang mit nichts tun rum und dachte dann naiver Weise, dass der Lack sicher schon hart genug sei, um kurz Pipi zu machen. Und im wahrsten Sinne des Wortes, hatte ich im Handumdrehen mehrere unschöne Macken im Lack. Der Punkt war gekommen, an dem ich die miserable Optik meiner Finger nicht mehr hinnehmen konnte. Der Nagellackentferner übernahm somit mal wieder den Job der Schadensbegrenzung. Also zurück auf Anfang. Willkommen im Ausgangszustand. Ich hatte nach dieser ernüchternden Aktion natürlich keine Lust mehr, noch mal mit dem stinkenden Lack dilettantisch an meinen Fingernägeln rum zu machen. Zudem hatte ich auch gar keine Zeit mehr. Es war so weit, ich musste mich auf den Weg nach Neheim zum 10 km Lauf machen. Zwar jetzt ohne hübsche, bestzeitentaugliche Fingernägel, aber ich würde es unter Umständen überleben. Ich hatte mir zuvor im Internet angeschaut, wie ich fahren musste und wollte versuchen, den Weg ohne Navi zu finden. Nach 60 % der Strecke wurde ich dann zunehmend unsicherer und startete vorsichtshalber doch das Navi. Ich folgte brav den Anweisungen der freundlichen, wenn auch mit merkwürdiger Betonung versehener Frauenstimme, bis in die Zielstadt. Sie lotste mich dann immer weiter und brachte mich schlussendlich vor die Aufnahme des dortigen Krankenhauses. Da stand ich nun wie ein Esel vor den Toren des Krankenhauses, wo kranke Menschen mit ihren Infusionsständern spazieren gingen. Das zweite Mal an diesem Tag erwachte ein Gefühl der Furcht vor Unfällen, Krankheiten und anderen unvorhersehbaren Schicksalsschlägen in mir. Ich legte unbeholfen den Rückwärtsgang ein und versuchte in weiblicher Manier den Wagen irgendwie ohne größeren Schaden aus der schmalen Zufahrt herauszubekommen. Ich hatte keine Stunde mehr bis zum Start, musste noch einen Parkplatz finden, meine Startunterlagen holen, mich einlaufen und dann auch noch austreten. Ich wurde ein spurchen kribbelig. Aber ich hatte auch schon knappere Punktlandungen gehabt in meinem Leben. Auf einem City Lauf im Jahre 2009 hatte ich bis fünf Minuten vor dem Start verzweifelt die Startnummernausgabe gesucht. Ich kann mich noch ziemlich genau an das Gesicht der Dame bei der Startnummernausgabe erinnern, als ich meine Startnummer abholte und es nur noch eine Minute bis zum Start war. So hatte ich damals einen fliegenden Start, quasi mit Anlauf.

Heute wurde es zum Glück nicht ganz so fliegend. Ich fand einen Parkplatz, allerdings mit Parkscheibe und einer maximalen Parkdauer von einer Stunde. Aber das würde auch mit Einlaufen locker passen. Ich holte meine Startnummer mit der 41 und trabte mich warm. Das Wetter war freundlicher als die Tage zuvor. Ich konnte tatsächlich in einem ärmellosen Shirt und kurzer Hose laufen. Neben der sommerlichen Atmosphäre, wehte allerdings ein ziemlich heftiger Wind. Die Innenstadt war in einer nicht zu unterschätzenden Schräglage, so dass die Runden in einer Richtung bergauf gingen und in der anderen Richtung ein leichtes Gefälle aufwiesen. Um 16:00 Uhr ging es pünktlich auf die neun Runden durch die Neheimer Innenstadt. Jede Runde begann mit dem bergauf Stück. Neben den paar Höhenmetern, die etwas an der Schnelligkeit knabberten, wurde uns der Wind zu einem viel größeren Widersacher. Wie in einem Windkanal fegte er uns hier frontal entgegen. Als motivierendes Zwischenziel wartete am oberen Ende der Fußgängerzone der Wendepunkt auf uns. Auf der Parallelstraße ging es dann wieder zurück Richtung Marktplatz. Hier ging es dann bergab und der Wind half nun etwas von hinten. Das Startfeld tat es dem starken Wind gleich und fegte in einem respektablen Tempo davon. Ich versuchte mich zu bremsen und konzentrierte mich darauf, mein eigenes Tempo zu finden. Der Wind drückte sich mit aller Kraft gegen mich und die leichte Steigung ließ nach allen Regeln der Kunst die Hangabriebskraft walten. Meine Beine fühlten sich wahnsinnig gut und kräftig an. Ich erreichte mühelos das erste Mal den Wendepunkt und genoss auf der anderen Seite den „Abstieg" zurück in

Richtung Start und Ziel. Und dann hatten wir auch schon eine Runde weg. Es ging auf die zweite Runde. Während ich mich den kleinen Anstieg gegen den Wind raufarbeitete, sah ich schon in der Ferne einen Krankenwagen, wie er sich in Fußgängerzone auf die Strecke durch zwängte. Er blieb auf der Strecke am rechten Rand stehen. Ich passierte den Krankenwagen und hatte ein weiteres Rendezvous mit diesem Gefühl der Vergänglichkeit in mir. Ich probierte den Gedanken über Leben und Tod für den Moment abzustreifen und mich dem Laufen hinzugeben. Vor mir lief ein alter Bekannter und ich konzentrierte mich nun weiter auf mein Laufgefühl. Ich überquerte ein zweites Mal die Ziellinie und machte mich auf die dritte Runde. Eine Läuferin flog in diesem Moment an mir vorbei und setzte sich vor mich. Dem Atmen nach konnte ihr Manöver nicht gut gehen. Wir waren schließlich erst in der dritten Runde und nach meinem fachmännischen Gehör zu urteilen war sie zu hochpulsig unterwegs. Wir näherten uns dem Krankenwagen. Die Hecktür stand offen, die Liege war entnommen und die Sanitäter waren anscheinend in einem der umliegenden Häuser. Ich schluckte das aufkeimende Gefühl von Betroffenheit runter. Keine Frage, es gab Wichtigeres als Laufen und Training auf diesem Planeten. Aber es wäre keinem geholfen, wenn ich traurig und niedergeschlagen von dem Elend dieser Welt, über den Planeten schleiche. Viel mehr half es den Menschen, wenn man ein bisschen mehr Lebensfreude beisteuerte. Oder zumindest sich stets darum bemühte. Ich ließ die Läuferin ein paar Meter ziehen und blieb in meinem Tempo. Die dritte Runde ging zu Ende und mit dem Passieren der Ziellinie überholte ich meinen Bekannten. Es ging in die vierte Runde. Der Abstand zu der Läuferin schmolz. Ich bemühte mich nicht instinktiv zu forcieren, um dieses Überholmanöver zu beschleunigen. Der Lauf mit seinem Profil und Gegenwindpassagen war unrhythmisch genug. Mit dem Ende der vierten Runde überholte ich die Läuferin. Noch fünf Runden lagen vor mir. Ich musste mich konzentrieren, dass ich mich nicht verzählte. Ich hielt weiter mein Tempo und hatte keine Ahnung, wie schnell ich unterwegs war. „Das Leben war wie eine Schachtel Pralinen, man weiß nie was man bekommt". Für mich war es nicht nur das Leben, das immer gut für eine Überraschung war. Für mich war jeder einzelne Lauf eine kleine Wundertüte. Erst im Ziel würde ich die Tüte öffnen und gucken was drin war. Die letzten Runden verflogen und mein Körper fühlte sich noch immer kräftig und stark. Mit einem kleinen Schlussspurt beendete ich den Lauf und blickte auf die „Wundertütenzielzeit". Eine 44:48. Das war natürlich weit über jeder Wunschvorstellung und passte nicht im Ansatz zu dem Gefühl. Aber nun gut, vielleicht lag es auch einfach an der welligen und windanfälligen Strecke. Das Training und die Belastungen der vergangenen Woche hatten natürlich auch ihren Beitrag geleistet. Ich merkte, wie ich innerlich nach Gründen suchte, die latente Enttäuschung glatt zu bügeln. Warum hatte ich doch immer wieder diesen Ansporn nach Verbesserung und glorreichen

Leistungen? Ich hatte ein gutes Leistungsniveau, aber kein herausragendes. Vielleicht würde ich mit viel Arbeit ein paar Minuten raus holen können. Aber wäre ich dann zufriedener oder glücklicher? War das meine Aufgabe? Ein paar läppische Minuten auf einem 10 km Straßenlauf rauzupressen? Würde das die Menschen motivieren und inspirieren? Ich dachte darüber nach und kam mal wieder zu dem Ergebnis, dass dieses Denken dem Streben nach Ruhm und Anerkennung geschuldet war. Egal auf welchem Leistungsniveau man sich befand, der Körper war heute immer nur so gut, wie man ihn gestern darauf vorbereitet hatte. Er war Anpassungskünstler und tat zu jedem Zeitpunkt alles dafür, besser und effizienter zu werden. Also war es unsere Aufgabe, ihn mit den richtigen Reizen zu konfrontieren, damit er wachsen konnte. Und dazu zählten nicht nur Trainingsreize, sondern sämtliche Lebensreize wie Ernährung, Schlaf und Freizeitgestaltungen. Man sollte für jede Leistung dankbar sein, die unsere Körper für uns erbringen. Auch wenn andere vielleicht schneller waren und mehr Erfolg hatten. Jeder Körper war ein individuelles und eigenständiges Meisterwerk. Kein Körper glich dem anderen. Man konnte nicht besser als andere werden, sondern nur eine bessere Version des eigenen Körpers erschaffen. Und besser sollte stets verknüpft sein mit glücklicher und gesünder. Man sollte sich trennen von dem isolierten Gedanken nach reiner Leistung. Dieses Leistungsdenken war leider auch in mir ein tief verwurzeltes Problem. Ich habe es von meinem Vater vererbt bekommen. Vielleicht war es eine meiner Lebensaufgaben, diesen Gegner in meinem Kopf zu besiegen. Wobei sich an dieser Stelle die Frage stellte, ob ich dann nicht das Projekt Sub 3:30 über Bord werfen müsste. Eine schwierige Frage, die es zu klären gilt.

Montag, 01. Mai 2017
Gewicht: 58,8 kg
Liebes Tagebuch,
ich hatte gestern wohl vergessen auf Holz zu klopfen, als ich mich fröhlich über meine gute Schlafqualität geäußert hatte. Die letzte Nacht war absoluter Murks. Ich lag viel rum und fand einfach nicht den Weg in die Welt der Träume und Tiefenregeneration. Zwischenzeitlich wurde mir von dem etwas reichhaltig ausgefallenen Abendessen etwas schlecht und ich dachte ich müsste mich auf unübliche Weise von der Mahlzeit befreien. In dieser Verfassung fiel ich in eine kleine Krise, in der ich gedanklich weder Lust hatte weiter zu trainieren, noch einen Sinn in diesem Marathon sah. Das Phänomen der melatoningeschwängerten Gedanken. Man sollte nachts niemals irgendwelche Entscheidungen treffen, da man in diesem Zustand immer zu einer arg abgedrehten, pessimistischen und missmutigen Meinung neigte. Ich kam irgendwann zur Ruhe und wurde morgens in einer nur mittel frischen Verfassung wach. Heute war Tag der Arbeit und ich würde den Tag wieder mit trainieren, essen und schlafen füllen. Als erstes stand ein ruhiges

Ergometertraining an. 60 Minuten ganz locker einfach die Beinchen bewegen. Gestern Abend hatte ich nach dem Wettkampf auch noch locker die Beine auspedaliert. Es war schön anzuschauen, wie der Puls dabei immer weiter runter ging, weil das Laktat aus dem Wettkampf abgebaut wurde. Ich machte mir meine Musikanlange an und föhnte mir die besten Lieder aus dem Jahre 2000 um die Ohren. Das war schon ganz weit vorne hinsichtlich des Spaßfaktors. Keine wirklich anstrengende Tätigkeit, gepaart mit einer partyähnlichen Akustik. Meine Art des Partylebens sozusagen. Nach 60 Minuten ausgelassenem „feiern" ging es dann noch auf einen 30 minütigen Leguanolauf durch die Natur. Nach so viel lauter Musik wirkte die Natur gleich viel stiller und bedächtiger. Neben den üblichen Äußerungen von dem ansässigen Federvieh hörte man nur das Tapsen meiner Barfußschlappen auf dem Asphalt. Meine Beine waren zart wie Lammfilets. Keine Spur von dem Geballer in Neheim. Bis auf die Müdigkeit durch die miserable Nacht, fühlte sich alles intakt an. Ich freute mich wieder auf das bevorstehende Frühstück. Mein Nüchterntraining und die morgendliche Freude auf das Frühstück waren mittlerweile fester Bestandteil meines Lebens. Heute würde ein Tag werden, wie im Leben eines Profisportlers. Nur ohne Profi und in meiner kleinen Sportlerwelt. Ich beendete meinen Lauf und fühlte mich durch den Sauerstoff und die Bewegung wie belebt. Die schlechte Nacht rückte ein Stück weit in Vergessenheit. Nach einer warmen Dusche machte ich mich über mein Frühstück her. Heute gab es viele

Bausteine für neue Muskelstrukturen und ein gut versorgtes Immunsystem. Ich war froh, dass mein Immunsystem und sämtliche Bestandteile meines Körpers jetzt schon seit Wochen so brav mitarbeiteten. Dies war ein Moment, um heftig auf Holz zu klopfen.

Ich beschäftigte mich den Tag über mit ausruhen, schlafen, lernen und arbeiten. Und natürlich immer wieder mit dem Verzehr von Futter. In meinem Leben gab es heute keine Maiwanderung mit Vollrausch. Um 18:00 Uhr rollte ich mich von meiner „Couch Arbeitszentrale" walrossartig runter und startete meine zweite Trainingseinheit für heute. Ich fühlte mich erschlagen. Ich hatte zwar viel geruht, aber dennoch fühlte ich mich gar. Um auf Betriebstemperatur zu kommen und meine Faszien und Muskeln auf die Arbeit vorzubereiten, rollte ich mich erst mit einer Black Roll über den Boden. Danach dehnte und mobilisierte ich die zähen Gräten. Um den ohnehin schon gnadenlos hohen Spaßfaktor in die Höhe zu treiben, ließ ich mich wieder mit der Musik aus meiner Jugend beschallen. 1. Mai Party, Klappe die Zweite. Nach dem kleinen Warmup zog ich dann meinen 15 Minuten Zirkel mit Liegestützen, Beinscherencrunch und Kniebeugen durch. Summa summarum kam ich auf je 110 Wiederholungen pro Übung. Mit leicht angesäuselten Beinen ging es im Anschluss noch auf einen 60 minütigen, lockeren Lauf durch konstanten Nieselregen. Das morgendlich noch freundliche „Tag der Arbeit Wetter" hatte sich im Laufe des Tages zu einem ungemütlichen Couchwetter entpuppt. Laufen im Regen war zum Glück herrlich erfrischend und hatte auch etwas für sich. Jeden meiner Läufe würde ich allerdings nicht unbedingt in diesem Wettermodus bestreiten wollen. Mein Tag der Arbeit ging mit einem leckeren Lachs mit Käse und Salat zu Ende. Morgen früh würde die Arbeit weiter gehen. Der Wecker war scharf. Um 5:30 Uhr würde meine Sonne wieder aufgehen.

Dienstag, 02. Mai 2017
Gewicht: 59,2 kg
Liebes Tagebuch,
meine prognostizierte Sonne, die ich für 5:30 Uhr bestellt hatte, ließ mich hängen. Es regnete noch immer. Meine Nacht wurde zwar nicht von eskalierenden Gedanken heimgesucht, dafür aber auch nicht von einer üppigen Portion regenerierendem Tiefschlaf. Um 5:10 Uhr war ich bereits wach. Allerdings dennoch müde und zerschlagen, wie eines meiner Frühstückseier. Ich konnte weder schlafen, noch aufstehen. Ich wartete auf den Wecker. Um 5:30 Uhr schellte er zuverlässig und ich kroch auf allen Vieren aus dem Bett, über den Boden bis zur Schlafzimmertür. Meine Nüchterneinheit bestand heute aus Ein- und Auslaufen, sowie 10 km Marathontempo. Wobei das vermeintliche Tempo bestimmt wurde durch mein subjektives Gefühl. Ich war müde und definitiv alles andere als ausgeschlafen. Hätte ich nicht eh schon wach rum gelegen, dann hätte ich über die Option nach gedacht, mir lieber noch eine Tüte Schlaf rein zu ziehen. Aber so

konnte ich auch trainieren. Ich schluffte, mittlerweile im aufrechten Gang angekommen, ins Bad und zog mich an. Mit kleinen, verschlafenen Schweineaugen schlich ich in die Küche zu meiner Teekanne. Ich wollte mir meinen vorbereiteten Tee einverleiben. Ich setzte die Teekanne an meine Tasse und kippte. Ich hörte nichts. Kein Gluckern des Tees in meiner Tasse. Ein Blick in die Kanne erklärte mir das Phänomen der Stille. Die Kanne war leer. Ich hatte vergessen, meine morgendliche Teedosis vorzubereiten. Es ging langsam los, ich wurde tüttelig. Ich trank etwas Wasser und machte mich auf meine Laufrunde. Das erste Mal in dieser Vorbereitung ließ ich mir offen, ob ich das Programm Norm- und DIN gerecht durchzog. Ich trabte mich im trüben Nieselregen warm. Nach zwei Kilometern zog ich das Tempo an. Ich wollte einfach spontan gucken, was der Körper wollte und konnte. Zu meiner Überraschung vergingen die Kilometer wie im Flug. Ich zog einfach ohne groß nachzudenken weiter und weiter. Vielleicht würde ja sogar die geplante Einheit am Ende dabei raus kommen. Während ich mich durch den Regen mühte, machten sich neben mir auf der Straße die Menschen wieder auf ihren Weg in den Arbeitsalltag. Ein kleiner, brauner Wagen fiel mir dabei auf. Er hatte die Form und die Farbe dieser kleinen „Kackhäufchen Emojis" aus Whatsapp. Warum kaufte man sich ein Auto, das aussah wie ein Haufen Exkremente? Leicht amüsiert passierte ich just in diesem Moment den Wald, der mir vor genau einer Woche als natürliche Sanitäranlage zu einer Bedürfnisbefriedigung verholfen hatte. Ich scannte meinen Körper auf aktuelle Meldungen über diverse Empfindungen. Heute musste ich weder Pipi, noch etwas Größeres. Ich war auch nicht sonderlich hungrig. Ich verfügte lediglich über einen Hauch Müdigkeit, der mein Gehirn wie ein Heißluftballon ausfüllte. Die Hälfte des schnellen Abschnittes hatte ich im Sack. Jetzt würde ich den Rest auch noch schaffen. Ein Gefühl der Freude erfüllte mich. Ich hatte mich gut eingelaufen, mein Puls war top und ich musste nicht auf Klo. Was wollte man mehr? Ich erreichte einen kleinen Ort, in dem ich eine stark befahrene Straße überqueren musste. Ich steuerte auf die Fußgängerampel zu und als ich nur noch einen Meter bis zur Straße hatte, sprang die Fußgängerampel wie durch Zauberhand auf grün. Ohne das Tempo zu reduzieren lief ich einfach weiter. Das war mir an dieser Stelle noch nie passiert. Heute lief es ziemlich rund. Mit einem Lächeln im Gesicht begab ich mich eine kleine Steigung hinauf. Ich hatte es nicht mehr weit. Vielleicht noch ca. zwei km schnell und dann die wohlverdienten zwei Kilometer zum Austraben. Die Gedanken über die Genialität dieses Laufes hielten noch nach, als sich die körperinterne Wahrnehmung schlagartig änderte. Da war es wieder. Das ewige Problem der Stuhlentleerung. Was zum Henker war überhaupt los? Ich war Jahre lang gerannt und hatte nie Probleme damit. Und seit ein paar Monaten wurde ich regelmäßig heimgesucht von der Toilettenfee. Aber nicht jener Fee, die einen nachts vom Harndrang befreite. Nein, sondern jene böse Fee, die einen beim Laufen im wahrsten

Sinn des Wortes in die Knie zwang. Ich probierte, mich auf meinen Lauf zu konzentrieren. Noch ein paar Kilometer und dann hätte ich es geschafft. Ich klemmte meinen Hintern zusammen und rannte einfach weiter. Ich erreichte erleichtert die imaginäre Ziellinie, die meinen zügigen Abschnitt beendete. Jetzt nur noch zwei Kilometer bis zur Toilette. Das Bedürfnis wurde mit jedem weiteren Schritt intensiver. Die letzten Meter durch das Wohngebiet verlangten mir jeden Funken Selbstdisziplin ab, der in meinen überschaubaren 1,65 m vorhanden war. Wie schön so ein Trainingsfinish doch sein konnte.

Es war 7:00 Uhr, ich hatte meine erste Einheit artig wie eine Arbeiterbiene abgespult, das erste wichtige Geschäft hinter mir und nun stand ein ganz normaler Arbeitstag vor mir. Ich machte meine Mahlzeiten für den Tag fertig. Mit meinem Tagesfutter ging es dann zur Arbeit. Die Müdigkeit der vergangenen Nacht wurde zunehmend größer. Das würde ein zäher Arbeitstag mit viel Kaffee werden. Gegen Mittag legte ich mich für einen Moment mit meiner Schlafmaske in die Ecke. Ich konnte mich nicht so recht aus der Realität lösen und versuchte zumindest zu entspannen. Abends nach der Arbeit würde meine zweite Trainingseinheit auf mich warten. Ich brauchte daher einen kleinen Funken Mittagsschlaf. Leicht verknautscht wurde ich vom Telefon wieder zurück geholt. Ich hatte immerhin 20 Minuten geruht, eine tiefe Liegefalte auf meiner linken Wange, zu Berge stehende Haare und plötzlich furchtbaren Hunger. Wie ein Zombie wandelte ich zum Kühlschrank und holte meine letzte Arbeitsmahlzeit heraus. Unreflektiert über die Sinnhaftigkeit dieses Essen jetzt schon zu verspeisen, drehte ich meine Dose auf und verfrachtete das Essen mittels Gabel in meinen Mund. Schmatzend und grunzend, mit einer hoch geschobenen Schlafmaske und abstehenden Haaren, hockte ich über meiner Beute. Die zerknautschte Gesichtshaut hatte sich mittlerweile in ein sattes rot verwandelt. Mit jedem Bissen kamen die Lebensgeister wieder. Ich blickte auf die Uhr. Es waren gerade mal 13:48 Uhr. Nach der Arbeit würde erst noch mein zweiter Trainingsblock folgen, bevor ich das nächste Futter bekommen würde. Mir schwante, dass es ein verdammt langer Tag werden würde.

Mittwoch, 03. Mai 2017
Gewicht: 59,8 kg
Liebes Tagebuch,
nach vielen Wochen der Disziplin und Gehorsamkeit meiner eigens erstellten Pläne gegenüber, war nun Schicht im Schacht. Mein gestriger Tag wurde arbeitsbedingt länger als geplant. Ich war erst um halb sieben zu Hause und hatte vor lauter Hunger schon Unterkühlungen an meinen Extremitäten vorzuweisen. Auch die Nase war ein eisiges Stück Fleisch im Zentrum meines kariert guckenden Gesichtes. Ich entschloss mich gegen das zweite Training und für eine unmittelbare Nahrungsaufnahme. Den restlichen Abend verbrachte ich nur noch ruhend. Das maximale an Aktivität war ein kurzes Dehnungs- und

Mobilisierungsprogramm. In meinem Kopf wirbelten die Gedanken über die gepatzte Einheit herum. Was fühlte ich mich faul. Und das, obwohl ich ja eine Frühschicht schon weg hatte. Dennoch brodelte das schlechte Gewissen, wie die Lava eines ausbrechenden Vulkans in mir. Heute Morgen wollte ich nun eigentlich wieder eintauchen in den normalen Plan. Aber halt auch nur eigentlich. Ich hatte eine recht vernünftige Nacht hinter mir und fühlte mich nicht so müde, wie die Tage zuvor. Stattdessen wurde ich von einem Gefühl erfüllt, dass mit Worten kaum zu beschreiben war. Ich war platt, genervt und schwer. Es war mal wieder soweit. Ein Monat im Leben einer Frau war vergangen. Ich steckte im Sumpf des Prämenstruellen Syndroms. Was hatte sich die Natur nur mit diesem Hormonchaos gedacht? Ich krabbelte, vor mich hin muffelnd, auf allen Vieren bis in den Flur. Ich hatte noch weniger Lust auf den aufrechten Gang als sonst. Und auf Training hatte ich erst recht keine Lust. Und auf mein geplantes Essen auch nicht. Es stand zwar ein Tag mit Kohlenhydraten an, aber dennoch hatte ich einfach keine Lust mehr. Worauf hatte ich denn Lust? Auf nix. Ich war im absoluten Miesepeter Modus. Ich zog mir widerwillig die blöde Radhose an den Hintern und begab mich auf mein Ergometer. Die Musik würde mich bestimmt retten und die Lebensfreude wiederbeleben. Ich begann, meine Beinchen in einer möglichst hohen Frequenz zu drehen. Die Musik war in der Tat belebend. Aber anscheinend nicht für den kleinen Sonnenschein in mir drin. Ich muffelte weiter. Ich hatte keine Lust und der

Schweinehund führte vehemente Diskusionen mit dem Rest meines hormonell kollabierten Körpers. 60 Minuten, die sich anfühlten wie mindestens 1000, quälte ich mich auf dem Bock ab. Danach standen noch Zugübungen und ein 30 minütiger Leguanolauf an. Mir knurrte der Magen, die Beine hatten keine Lust auf Flugphase und ich wollte essen. Irgendwas essen. Ich wollte kein sinnvoll geplantes und limitiertes Essen, sondern einfach meinen Schnabel aufreißen und etwas rein schaufeln. Wer hielt mich eigentlich davon ab diesem Wunsch einfach nach zu gehen? Keiner. Ich machte für meinen Rücken noch ein paar läppische Zugübungen und ließ mich für den Rest des Tages gehen. Der Schweinehund hüpfte ausgelassen auf und ab. Er hatte den Krieg gegen die Disziplin gewonnen. Sodom und Gomorra, die Anarchie in meinem Hirn hatte begonnen. Mit der zügellosen Moral einer fetten Großstadttaube nahm ich meinen Arbeitsalltag in Angriff. Mein Nervensystem stand auf Angriff. Egal wie es ausgehen würde, aber ich würde im Kampf gegen den Säbelzahntiger alles geben. Ich würde heute alles essen, was mir in die Quere kommen würde. Und ich würde ausschließlich Dinge tun, die ich wollte. Naja, fast ausschließlich. Auf der Arbeit würde ich mich den gesellschaftlichen Ansprüchen beugen. Nach der Arbeit begann ich die angekündigte Drohung umzusetzen. Ich futterte mich durch verschiedene Lebensmittel, die ich schon seit 20 Jahren oder so nicht mehr gegessen hatte. Bergkäse mit sauren Gurken, Kekse mit Quark, Erdnussbutter und Banane und noch etwas

Nussnougatcreme. Ich hörte allerdings auf, bevor ich satt war. Aus Erfahrung wusste ich, dass derartige Dinge eine gewisse Zeit benötigten, um eine Sättigung auszulösen. Ich wollte verhindern, dass sich zu meiner eh schon bescheidenen Stimmung noch eine unerträgliche Übelkeit gesellte. Nach dem kleinen Lebensmittelausraster legte ich mich eine Runde auf die faule Haut. Klarer Fall von Zuckerschock. Ich hatte eigentlich noch viele Aufgaben zu erledigen. Sie schwirrten derzeit um mein Haupt, wie Ungeziefer um eine Straßenlaterne. Nach einer kleinen Runde Home Office und Gehirnzellenaerobic fiel mein Blick raus in die trübe Welt. Es war für die Tageszeit viel zu dunkel draußen und es regnete Bindfäden. Vielleicht würde mir ein Leguanolauf die Birne durchspülen. Ich zog mich sporttauglich an und begab mich für den Anfang in meine Muckibude. Musik an und los. Ein kleines Workout würde mir bestimmt wieder ein gutes Lebensgefühl zurückbringen. Nach 15 Minuten mit Liegestützten, Beinscherencrunch und Kniebeugen stürzte ich mich tatsächlich raus in den Regen. Ich kreierte eine noch nie gelaufene Runde und stapfte tapfer durch den Regen. Der Puls senkte sich mit jedem Schritt. Die Füße waren im nu nass vom Regen und dem nassen Untergrund. Ein schönes und erfrischendes Gefühl. Nach einer kleinen Runde durch einen Park, kam ich wieder an unsere Hauptdurchgangsstraße. Ich überquerte sie und passierte einen Bauernhof. Der Regen war noch stärker geworden. Meine Haare klebten mir wie frisch gewaschen am Schädel und von meiner Nase tropften unaufhörlich dicke Tropfen hinab. Außer mir waren wenige Lebewesen am Start. Bis auf einen interessiert guckenden Bullen auf einer Wiese. Er stand auf einer kleinen Anhöhe und hatte mich fest im Visier. Zum Glück hatte ich heute keine grellen Signalfarben an. Zwischen mir und dem Bullen waren scheinbar nur ein mageres Zäunchen und eine Hecke. Ich wurde etwas unruhig. Er sah mich mit seinem Ring durch die Nase so furchtbar angriffslustig an. Als würde es irgendwas bringen, lächelte ich den Bullen an. Leise flüsterte ich vor mich hin, dass er sich gut überlegen solle, was er tut. Schließlich war ich gerade eine hormonelle Katastrophe und nicht für Späße aufgelegt. Der Bulle blieb brav auf seinem Berg stehen und hatte wahrscheinlich nur entgeistert gedacht, was ich wohl für einen Totalschaden haben musste, bei so einem Wetter durch die Gegend zu laufen. Ich trabte ruhig weiter und verließ das Dörfchen. Ich steuerte einen kleinen Wald an. Als ich in die vor Regen schützende Atmosphäre der Bäume eintauchte, hörte ich einen Schuss. Es wurde anscheinend gejagt. Ich blickte an mir herab. Schwarze Hose und schwarze Jacke. Nirgends ein Klecks Farbe. Mit anderen Worten, nichts, was mich als „Nichtwild" deklarierte. Ich hätte somit auch als Wildschwein durchgehen können. Ich hoffte, dass der Jäger gut gucken konnte und seine Monatskontaktlinsen frischer waren als meine. Ohne Schussverletzungen verließ ich zum Glück den Wald wieder und stapfte weiter durch den Regen. Obwohl es gerade nicht einer der bequemsten Zustände war, fühlte ich mich das erste Mal am heutigen Tag entspannt und zufrieden. Der Regen hatte mir die hormonverräucherte Bude unterm Scheitel wieder sauber gewaschen.

Donnerstag, 04 Mai 2017
Gewicht: 59, 8 kg
Liebes Tagebuch,
nachdem der Abend eine glückliche Wendung genommen hatte und sogar in einer guten Nachtruhe gipfelte, begann heute Morgen um 5:30 Uhr wieder der Ernst des Lebens. Der letzte 35er für diese Marathonvorbereitung stand an. Es war somit die Generalprobe. Dem Aberglauben nach musste die Generalprobe stets ein Griff ins Klo sein. Mein Körper fühlte sich recht passabel an. Der Rücken war zwar wieder nur mittel, aber zum Glück benötigte ich hauptsächlich die Beine zum Rennen. Ein böser Gedanke, wenn man sich mit funktionellem Training beschäftigte. Ich machte mich in den grellsten Farben, die meine Garderobe zu bieten hatte, laufbereit. Orange, pink und lila. Der Bulle von gestern würde bei dem Anblick wahrscheinlich erblinden und der Jäger im Wald würde erst recht abdrücken. Nach einem kleinen Espresso, einer Tasse Tee und mit frisch geputzten Zähnen ging es auf die letzte lange Reise vor dem Vivawest Marathon. Es regnete zum Glück nicht mehr. Es war zwar auch keine Sonne zu sehen, aber wenigstens war es trocken. Nach einem Kilometer hatte ich bereits keine Lust mehr. Ich hatte zwar mit einer schlechten Generalprobe gerechnet, aber einer so schlechten? Ich

trabte weiter. Die erste Runde der letzten Wochen würde ich hintereinander kriegen. Nach fünf Kilometern wurde der Kopf etwas besser. Der Widerwillen verstummte. Vielleicht würde ich heute doch ein paar Kilometer zusammen bekommen. Die Streckenabschnitte verflogen auf einmal unerwartet schnell. Der Kopf war auf einmal auch mit maximaler Motivation am Start. Ich überlegte meine Runde noch etwas auszubauen, damit ich mit dem ersten Rutsch vor der Trinkpause mehr Kilometer weg haben würde. Es lief plötzlich verdammt gut. Ich zog eine Extraschleife über eine meiner liebsten Laufwege. Ein kleiner Trampelweg neben einem zarten Flüsschen, das sich durch einen Wald schlängelte. Ich guckte mal wieder nicht auf meine Uhr. Ich wollte mich am Ende der Runde überraschen lassen, auf wie viele Kilometer ich es gebracht hatte. Nach und nach wurde ich durstiger. Ein klares Zeichen für Leistungsminderung. Langsam musste ich zu Hause einen Trinkstopp einlegen. Die Beine fühlten sich mittlerweile an, als hätten sie mindestens 25 Kilometer weg. Eher noch mehr. Ich forcierte mein Tempo bis nach Hause. Wahrscheinlich hätte ich nach der Trinkpause nur noch ein paar Kilometer bis ich die 35 voll haben würde. Ich erreichte mit trockener Kehle und schweißgetränkten Laufklamotten mein Zuhause. Ich stoppte die Rundenzeit und guckte auf den Kilometerstand. 21,7 km. Das musste ein Fehler sein. Ich fühlte mich eher wie nach 30 km. Ich trank einen rieseigen Schluck von meinem Tee und öffnete mir aus lauter Verzweiflung meinen Energiedrink. Ein

Schnaps auf den Schreck wäre wahrscheinlich noch besser gewesen. Für Kilometer 21,7 hatte ich den Energiedrink zwar noch nicht geplant, aber auch egal. Ich musste irgendwie die fehlenden 13,3 km noch zusammen bekommen. Der Gedanke an Abbrechen war keine Option. Der letzte 35 wird gefinisht, komme was wolle. Ich machte mich auf meine zweite Runde. Mein Trinkstopp hatte mich gerade mal 3 Minuten gekostet, trotz der schockierenden Erkenntnis über die magere Kilometerausbeute der ersten Runde. Die Beine waren mittlerweile schwer und zäh. Mein Magen gluckerte leicht vor sich hin und verarbeitete den Stoff, den ich ihm gerade zur Verfügung gestellt hatte. Aus unerfindlichen Gründen wollte ich nicht die gleiche Runde laufen wie sonst. Ich empfand eine furchtbare Abneigung gegen diese Runde. Vielleicht auch einfach nur deswegen, weil ich gerade total platt war und ziemlich präzise verinnerlicht hatte, wie lang diese Runde genau war. Eigentlich total blöde, denn schließlich war es gehopst wie gesprungen wo ich meine 13 km zusammen kratze. Ich rannte dennoch wo anders rum. Ich brauchte Abwechslung. Zum Glück hatte ich diese Entscheidung getroffen, denn sonst wäre mir das Rendezvous mit der fetten Taube bei Kilometer 26 entgangen. Ich schleppte mich gerade mit schweren Beinen über eine Kreuzung, als sie im Sturzflug von rechts an mir vorbei fegte. Um Haaresbreite verfehlte sie mein stumpf drein blickendes Long Run Gesicht und sauste vorbei. Der Luftzug des kugelblitzartigen Gefieders hatte meine rechte Wange zum Schwingen gebracht. Was für ein knappes Flugmanöver. Ich wollte gar nicht wissen, wie es sich anfühlen würde, wenn einem 1 kg Vogel vor die Birne kracht. Unbeschadet, zumindest was meinen äußeren Schädel anging, schlappte ich weiter durch die Stadt. Mein Magen fing an zu knurren. Hätte ich die Taube doch mal aus dem Flug gerissen und zum Frühstück verspeist. Die Beine wurden immer schwerer. Ich bekam kaum mehr einen Fuß vor den anderen. Wo war dieses dämliche Runner's High, wenn man es brauchte? Ich kämpfte. Das war Marathon. Keine Frage. Schritt für Schritt motivierte ich mich weiter. „Fühl das gute Gefühl. Das würde fürs erste der letzte 35er sein." Ich kramte nach sämtlichen Motivationen und versuchte mich zu pushen. Der Schweinhund in mir hatte schon lange aufgehört seine Meinung zu meinem Verhalten zum Besten zu geben. Er hockte zähneknirschend in der Ecke und hoffte auf bessere Zeiten. Die Kilometer schmolzen wie Eis im Kühlregal. Quasi gar nicht. Meine Füße suchten immer wieder den ebenen Asphalt der Straße. Den etwas welligen Bürgersteig wollten meine unteren Extremitäten nicht mehr tolerieren. Und außerdem war ich doch Marathonläufer, da muss man ja wohl mal auf der Straße laufen dürfen. „Lassen Sie mich durch! Ich bin Marathonläufer!" schoss es mir durch den Kopf. Auf meinen letzten Kilometern begegnete mir im Feld ein Rudel Rentnerinnen. Sie hatten auf einer Bank Lager bezogen und sangen ausgelassen Geburtstagslieder. Dabei schlürften sie Sekt aus Plastikgläsern. Es wurde wirklich langsam Zeit, dass ich auch meine Rente einreichte. Mein biologisches Alter würde just in diesem Moment definitiv aus reichen. Und dann könnte ich auch donnerstagmorgens mitten im Feld Sektorgien feiern.

Nach 3:32 Stunden, einer riesigen Blutblase unter dem rechten Fuß und unzähligen wunden Scheuerstellen an Oberkörper und Leiste hatte ich es dann endlich geschafft. Inklusive der kleinen Trinkpause, hatte ich eine Laufgeschwindigkeit von knapp unter 6 Minuten auf den Kilometer. Ich war deutlich langsamer geworden über die Wochen. Allerdings hatte ich auch deutlich an Kilometerumfang zu gelegt. Jetzt hieß es Umfänge reduzieren und regenerieren. Die Hauptarbeit war getan. Jetzt folgten nur noch ein paar normale Trainingstage. Ab nächstem Mittwoch würde es dann radikal in die Erholung gehen. Die Phase der Reduktion und Regeneration würde mich mental noch ordentlich fordern.

Freitag, 05. Mai 2017
Liebes Tagebuch,
ich habe tatsächlich aufgehört mich zu wiegen. Nach einem Tag der rein instinktiven Lebensmittelwahl folgte eine extrem schlechte Nachtruhe. Diese beiden Umstände mögen nichts mit einander zu tun haben. Letzteres lag in der gleichen Ursache begründet, wie die Tatsache meiner leichten Gereiztheit. Meine wunderbare hormonelle Konstellation machte es möglich. Bevor ich in den Genuss der schönsten Tage des weiblichen Geschöpfes eintauchen durfte, hatte ich fast immer eine komplett schlaflose Nacht.

Der krasse Hormonentzug haute mich an der Stelle regelmäßig total um. Und so auch vergangene Nacht. Heute Morgen stand zum Glück kein Training an. Ich hätte es auch nicht überstanden. Vielleicht mit Schuhen, die wie E-Bikes einen kleinen Hilfsmotor intus hatten. Aber aus reiner Muskelkraft hätte ich an diesem Morgen keine einzige Flugphase zu Stande bekommen. Meine offenen Stellen, die ich mir auf meinem langen Lauf zugezogen hatte, brannten mittlerweile unangenehm unter der Kleidung. Meine ganzen Läufe in dieser Vorbereitung hatten nicht im Ansatz einen solchen Kriegsschauplatz an meinem Körper hinterlassen. Aber gut, ich war jung und brauchte die Kilometer. Ich schleppte mich auf meinem geliebten Fahrrad zur Arbeit. Ich bekam die Pedale kaum gedreht. Die Beine waren schwer und unbeweglich. Das Drücken gegen den Widerstand fühlte sich an, als würde ich meinen ganzen Blutkreislauf damit abpressen. Die Restmenge Blut, die in meinem Hirn ankam, reichte gerade aus um die Navigation bis zur Arbeit hintereinander zu bekommen. Ich arbeite bis in den frühen Abend und versorgte mich in regelmäßigen Abständen mit Futter, Tee, Basenpulver und natürlich jeder Menge Kaffee. Der Plan sah es vor, abends noch eine Koppeleinheit aus Workout und 40 Minuten Laufen abzuleisten, bevor es Abendessen gab. Die Realität sah allerdings etwas anders aus. Es wurde zu einer Koppeleinheit aus essen, Workout, Sauna und wieder essen. Ich war vollkommen hungrig, platt und nicht gewillt zu laufen. Ich kam nach Hause und stellte mich erst einmal in das Paradies einer jeden Küche. An den geöffneten, vollen Kühlschrank. Hätte ich rein gepasst, dann hätte ich mich auch rein gesetzt und mich durch die einzelnen Etagen gefressen. Ich verputzte ein paar Radieschen, Saure Gurken und Bergkäse. Jener Käse, der mir die letzten Monate auf Grund seines hohen Fettgehaltes entgangen war. Was hatte ich nur für eine wahnsinnige Affinität zu diesen sauren Gurken? Um vermeintlich entstehende Gedanken zu einer möglichen Schwangerschaft zu unterbinden, sei an dieser Stelle erwähnt, dass sich meine Periode im Laufe des Tages pünktlich in meinem Körper entfaltet hatte. Ich mümmelte eine kleine Grundlage in meinen leeren Magen und machte mich danach fertig für mein Workout. Der leicht besänftigte Magen widersprach natürlich dem Grundsatz „Nur der hungrige Wolf bringt Leistung". Aber ich war mental in diesem Moment nicht mehr in der Lage, Leistung zu bringen. Aber mit dem leckeren Bergkäse im Balch spürte ich wieder einen Hauch von Power und Willenskraft. Ich fühlte mich sogar motiviert, meine Wiederholungen innerhalb der 30 Sekunden Intervalle bis an die Grenzen hoch zu ziehen. Mit anderen Worten bedeutete dies, ich wollte ein HIT machen. Ein „Hochintensitätstraining". Da die Anarchie in meinem Hirn ja Einzug gehalten hatte, war es egal was der Plan sagte. Es war auch egal was die menschliche und trainingstechnische Vernunft zu solch einer Aktion sagte. Ich hatte Bock darauf und wollte es einfach machen. Nach einem kurzen Warmup griff ich an und knallte die Übungen in annähernd maximaler

Geschwindigkeit durch. Nach 15 Minuten lag ich dann wie ein Maikäfer auf dem Rücken und pumpte nach Luft. 140 Liegestütze, ca. 200 Kniebeugen und unzählige Beinscherenncrunches waren für immer meine. Der Körper fühlte sich wunderbar weich und leer an. Das Workout hatte sich richtig gut angefühlt. Ich sammelte meine Einzelteile wieder zusammen und watschelte in die Sauna. Jetzt kam der Part der Tiefenregeneration. Neben einer leckeren Abendmahlzeit aus viel frischem Salat, Bohnen und Ei gab es tatsächlich wieder einen DVD Abend. Und das sogar mit einem Glas Rotwein. Es war nicht irgendein Rotwein. Es war eine Flasche, die ich von einer Freundin geschenkt bekommen hatte. Mit dieser Freundin hatte ich vor ein paar Jahren einen großartigen Freitagnachmittag verlebt. Wir hatten uns nach der Arbeit zum Mittagessen getroffen. Und da wir beide nie Alkohol tranken, bestellten wir uns zur Feier des Tages einfach mal so einen halben Liter Wein. Und noch einen. Und noch einen. Man könnte sagen, es ergab sich einfach im Laufe unserer albernen Gespräche. Unsere Leberenzyme waren überfordert mit diesen Mengen Alkohol. Der Nachmittag endete tatsächlich ziemlich angetrunken in unserer hiesigen Fußgängerzone, in der drei kleine Schweinchen an einer Kordel darauf warteten, Kinder zu tragen. In diesem Fall mussten sie Vorlieb nehmen mit zwei peinlich alkoholisierten Anfang 30erinnen, die einen über den Durst getrunken hatte. Wir zogen uns gegenseitig laut quickend durch die Fußgängerzone. Heute Abend würde es definitiv nicht so eskalieren. Es sollte bei einem Glas Wein bleiben. Der Film würde darüber hinaus auch nicht die Grundlage für diese überschwängliche Ausgelassenheit bilden. Es ging um einen Trip über 1000 Meilen auf dem Pacific Crest Trail. Der Film „Der große Trip – Wild" beruhte auf einer wahren Begebenheit und schilderte die Wanderung einer Frau, die mit diesem Trip ihre Drogenabhängigkeit hinter sich lassen wollte. Ein wirklich schöner Film, der einem die Augen für die wichtigen Dinge im Leben öffnete. Eine derartige Wanderung stand auch schon lange auf meiner To-do-Liste, wenn auch nicht in solch einem Umfang. Die Drogenabhängigkeit im Vorfeld würde ich ebenfalls aussparen. Obwohl Hollywood sich bemühte, die Darstellererin Reese Witherspoon über die 1000 Meilen hinweg schmutzig aussehen zu lassen, sah sie an jedem Tag in der Wildnis besser frisiert aus, als ich in meinem normalen Alltag. Das sollte mir zu denken geben. Als ich im Bettchen dann noch ein wenig über den Film nachdachte, kam ich zu dem Ergebnis, dass meine Marathonvorbereitung auch wie eine lange Wanderung war. In meinem Fall war es eine Wanderung über zwei Monate, die Parallel zum normalen Alltag stattfand. Ganz am Ende meiner Wanderung stand der Zielbogen in Gelsenkirchen. Hier würde die Wanderung über zwei Monate ihr Ende finden. Wie auch immer.

Samstag, 6. Mai 2017

Liebes Tagebuch,

nach dem geistig mitgefühltem Trip über den Pacific Crest Trail hatte ich tatsächlich so geschlafen, als sei ich ihn selbst gewandert. Meine Beine fühlten sich zu meiner Überraschung ebenfalls so an. Oder lag es an diesem einen Glas Wein? Heute Morgen stand wieder eine Einheit vor dem Frühstück an. Obwohl es nur fünf Kilometer mit fünf Steigerungen waren, schien mir das Vorhaben unvorstellbar. Ich machte mich bereit in der Hoffnung, dass sich die Unpässlichkeiten meiner Beine in Wohlgefallen auflösen würden. Ich trat vor die Haustür. Meine Laufmontur hatte sich der etwas verbesserten Wetterlage angepasst. Die Winterkluft durfte zu Hause bleiben. Die leichtere Jacke durfte endlich wieder eine Runde an die frische Luft. Ich trabte los. Die Waden schmerzten im Duett. Sie waren dicht. Der restliche Körper war matsche, wie ein Negerkuss zwischen zwei Brötchenhälften. Und ich wollte morgen einen Wettkampf laufen? Nach 200 m bremste ich das ohne hin kaum wahrnehmbare Tempo ab. Ich überlegte umzudrehen. Das erste Mal in meiner Vorbereitung, dass ich wirklich direkt wieder nach Hause wollte. Kam das nun von meinem zähen langen Lauf oder von meinem HIT Workout? Ich wusste es nicht. Vielleicht war es auch eine Kumulation der letzten Monate. Ich lief weiter und reduzierte den Lauf auf drei Kilometer. Die geplanten Steigerungen ließ ich ebenfalls sausen. Mir schwante, dass die nächste Woche noch viele weitere Anpassungen für mich bereit hielt. Aber wie hieß es so schön, viele Wege führen nach Gelsenkirchen. Den restlichen Tag streute ich immer wieder ungeplante Klimmzüge und horizontale Zugübungen unter dem Küchentisch ein. Ich wollte schließlich meinen Rücken, der auf einem sehr stabilen Weg der Besserung war, nicht vernachlässigen. Klimmzüge waren schon wirklich etwas Grausames. Aber wenn sie funktionierten auch etwas grausam Geiles. Ich bekam zwar nicht sonderlich viele zu Stande, aber wenn man sich ein paarmal aus komplett gestreckten Armen nach oben zog und die Vibration im gesamten Körper spürte, war das einfach ein grandioses Gefühl. Ansonsten war das Körpergefühl im unteren Bereich der Agilität angesiedelt. Was das für den Haldenlauf in Ahlen morgen bedeuten würde, war ungewiss.

Sonntag, 7. Mai 2017
Gewicht: Noch immer 59,8 kg
Liebes Tagebuch,
ich hatte mich heute einfach mal aus Spaß auf die Waage gestellt. Immer noch der gleich schwere Kladderadatsch. Aber auch egal. Als ich anfing mein Vorbereitungstagebuch zu schreiben, hatte ich fest damit gerechnet, dass ich zu dem jetzigen Zeitpunkt eine Topform haben würde. Weit gefehlt würde ich sagen. Neben meiner nicht von mir weichen wollenden Masse, verfügte ich derzeit über Beine mit dem Prädikat schrottreif. Sie fanden höchstens für seichte Alltagsbewegungen Verwendung. Der Start des

Laufes stand für 12:00 Uhr in meiner Tagesplanung. Bis dahin tat ich das Übliche. Beine hoch legen und Home Office Tätigkeiten. Meine Gehstrecken innerhalb der Wohnung stellten sich als ausgesprochen unspritzig heraus. Ich versuchte viel zu Trinken, um mich gut zu hydrieren. Es war tatsächlich wärmer und schöner als angesagt. Man durfte nicht vergessen, dass wir schon Mai hatten und die Sonne um 12:00 Uhr mittags ordentlich Power haben konnte. Mir fiel immer wieder die angefangene Flasche Wein von Freitagabend ins Auge. Vielleicht sollte ich mir davon noch ein Glas hinter die Binde kippen. Dann wären die Beine bestimmt wieder saftig, wie ein Glas frischgepresster Orangensaft. Aber ich wollte es für den Moment bei basischem Kräutertee belassen. Die geistige Situation war ohnehin schon ernst. Bei der Zubereitung meines Tees hatte ich mich tatsächlich dabei erwischt, wie ich mit meinem Basilikum gesprochen hatte. Ich fragte ihn, ob er das Spülwasser aus der Kaffeemaschine haben wollte oder ob ihm dort zu viele Kaffeereste enthalten waren. Er hatte mir weder akustisch, noch optisch eine Antwort gegeben. Zum Glück. Hätte er reagiert, dann hätte ich spontan doch zur Weinflasche gegriffen.

Der Vormittag verstrich recht zügig und mit ein paar kohlenhydrathaltigen Mahlzeiten im Bauch machte ich mich auf den Weg nach Ahlen. Das Sitzen im Auto funktionierte ganz gut. Die Form war also doch nicht ganz so schlecht. Ohne besondere Vorkommnisse erreichte ich den Ort des Geschehens, holte meine Startnummer und trabte mich warm. Ich hatte die Startnummer 13. Die verflixte 13. Ob das mal gut gehen würde? Immerhin hieß der Platz des Startes „Glückaufplatz", das dürfte jedes schlechte Omen in Luft auf lösen. Um 12:00 Uhr startete der Lauf in der ehemaligen Arbeitersiedlung der Zeche Westfalen. Man fühlte sich hier wie in einer anderen Welt. Diese kleinen aneinander gereihten, farblosen Häuschen mit den kleinen Gärten bildeten ein sonderbares Stadtbild. Es erinnerte an vergangene Tage, als hier noch Arbeiter mit ihren Familien lebten und jeden Tag ihren Dienst unter Tage ableisteten. Heute leistete nur ein Schwarm bunter Läufer ihren Dienst ab. Allerdings „über Tage", freiwillig und ohne Geld dafür zu bekommen. Wir verließen das Wohngebiet und steuerten die einstige Arbeitsstelle der Arbeiter an. Die Zeche Westfalen. Wir passierten die stillgelegten Fördertürme und näherten uns mit jedem Schritt der berühmt berüchtigten Halde. Jene Halde, die dem Haldenlauf ihren Namen gegeben hatte. Ich führte tatsächlich von Anfang an das Frauenfeld an. Den Haldenlauf hatte ich vor zwei Jahren bereits einmal gewonnen. Würde ich es heute etwa wiederholen können? War ich in meiner verkorksten, regenerationsbedürftigen Verfassung in der Lage dazu? Nach ein paar Kilometern hatte ich mich ziemlich frei gelaufen. Relativ weit vor mir liefen zwei rotgekleidete Läufer. Kurz vor mir ein schwarzgekleideter. Es ging in den Berg. Eine ordentliche Steigung tat sich vor mir auf. Das hatte ich gar nicht so in Erinnerung. Ich überholte langsam den schwarzgekleideten Läufer. Er schnaufte wie eine

Dampflock. Mit meinem Überholmanöver zog er sein Tempo an und blieb an mir hängen. Kein Wunder, ich hatte schließlich die motivierenden Worte „Go hard or go home" auf dem Rücken stehen. Wir erreichten nach einer anstrengenden Klettertour den Gipfel der Halde und machten uns an den Abstieg. Der schwarze Läufer ging von der Fahne. Nun lief ich mutterseelenallein. Die beiden Roten konnte ich auch nicht mehr sehen. Hin und wieder tauchten sie vor mir auf, wenn ich auf ein langes, gerades Stück bog. Auf den kurvigen Wegen im Wald vertraute ich darauf, dass ich mich nicht verlaufen würde. Ich erinnerte mich daran, dass ich vor ein paar Jahren auch schon Angst hatte, dass ich mich verlaufen würde. Ich erreichte unversehrt den Fuß der Halde und machte mich auf den Rückweg über festen Asphalt. Ich freute mich, die Höhenmeter weg zu haben. Jetzt würde ich meine Beinchen in der Ebene einfach laufen lassen. Dies würde allerding zu einer kleinen Zerreißprobe für meine Nerven werden. Ein weiterer rot gekleideter Läufer näherte sich von hinten. Er war lauter als jeder Läufer, den ich in meinem bisherigen Leben gehört hatte. Selten habe ich jemanden so laut stöhnen und schnaufen gehört. Er zog sich in meinen Windschatten und trampelte laut schnaufend hinter mir her. Ich wich zur Seite und wollte ihn durch lassen. Er kommentierte dies mit „Erst mal nicht!" und zog trotzdem vorbei. Er blieb allerdings direkt vor mir. Von hinten vernahm ich nun das elektrische Brummen eines E-Bikes. Ich drehte mich um. Eine älterer Herr fuhr hinter dem laut schnaufenden und stöhnenden Läufer her. Eine persönliche Radbegleitung sozusagen. Wir liefen mittlerweile auf einem schmalen Weg neben der Werse entlang und immer wieder überholten wir andere Läufer aus dem 7 km Lauf, Walker oder Spaziergänger. Der Mann auf dem E-Bike machte die Situation perfekt, indem er in regelmäßigen Abständen gurgelnd und rotzend rumhustete. Da hing ich nun zwischen den Beiden. Der eine stöhnte und schrie, der andere schleimte lauthals vor sich hin. Ich fühlte mich keineswegs am Anschlag und wollte dies allerdings auch nicht sein. Schließlich war ich ohne hin schon voller Trainingsreize, die danach strebten, in einer Ruhephase ihre volle Wirkung zu entfalten. Aber hier wollte ich nicht bleiben. Ich zog mein Tempo etwas an und überholte den Roten. Er ging natürlich mit. Wie konnte man nur so lange in einer solchen Intensität laufen? Es war mir ein absolutes Rätsel. Er hielt sich noch wacker eine Weile in meinem Windschatten und ich dachte darüber nach, mein T-Shirt besser auszuziehen, damit er sich nicht weiter von meinem Slogan motiviert fühlte. Dann wurde es endlich Stück für Stück leiser. Der Abstand wurde größer und immer größer. Auch das Summen des E-Bikes löste sich in meinen eigenen Laufgeräuschen auf. Die Zeche tauchte vor mir wieder auf. Wie treffend, dass gerade mein letzter Lauf vor dem Vivawest Marathon auch an einer Zeche vorbei ging. Auf den 42,195 km im Ruhrgebiet würde ich auch über mehrere Zechengelände laufen dürfen. Allerhöchster Wahrscheinlichkeit allerdings nicht in einer so genialen Pool

Position. Ich beendete den Lauf als erste Frau. Damit hatte ich nicht gerechnet. Ich freute mich über das gute Gefühl und das schöne Endresultat. Ich trabte mich noch eine Weile in dem ehemaligen Arbeiterviertel aus und studierte am Ende meinen Wochenkilometerumfang. Er lag bei 85 km. Wie in der Woche davor. Ich freute mich gleich noch einmal. Trotz der punktuellen Reduktionen hatte ich doch was zu Stande gebracht. Und dann auch noch mit einem fetten Happyend. Zu Hause versorgte ich meinen Körper mit frischer Energie und versuchte den Flüssigkeitshaushalt wieder auf Vordermann zu bringen. Nach einer keiner Pause ging es dann nochmal für 30 Minuten auf das Ergometer. Bei lauter Partymucke drehte ich die Beinchen locker im Takt der Musik. Die Beine fühlten sich endlich wieder richtig gut an. Keine Spur mehr von der morgendlichen Schwäche. Der Saftladen meiner Beine war wieder frisch betankt und voller Energie. Hoffentlich würde es etwas halten.

Montag, 8.Mai 2017
Liebes Tagebuch,
meine Nacht war geradezu prächtig. Ich hatte weder elektrolytische Entgleisungen, noch hormonell bedingte Amokaussetzer. Der Wecker holte mich in seiner gewohnt professionellen Art um 5:30 Uhr aus den beklopptesten Träumen überhaupt. Der Unterhaltungswert meiner Daily-REM-Soap war einfach grandios. Kurz vor dem Aufwachen hatte ich von einem Pony geträumt, dem beide Ohren

abgeschnitten worden sind. An der Box des Ponys hing ein Schild mit der Aufschrift „Die Natur kennt kein Mitleid".

Mein Ergometer wartete ebenfalls ohne Mitleid auf mich. Meine Beine waren trotz der Halde ziemlich brauchbar. Ich zog meine Radklamotten vom Vorabend an. Sie waren noch leicht klamm vom Schweiß und rochen bestialisch nach nassem Hund. Egal, da musste ich jetzt durch. Das Pedalieren auf dem Ergometer stellte sich als etwas mühsam heraus. Mein Sitzfleisch wollte nicht so Recht eine annehmbare Position finden. Meine Handballen waren ebenfalls nicht sonderlich kooperativ und moserten unaufhörlich herum. So rutschte ich also auf meinem Hintern hin und her und griff minütlich die Hände an eine andere Stelle des Lenkers. Die 60 Minuten vergingen in Slowmotion. Im Anschluss gab es noch Zugübungen und eine Runde in meinen Barfußschuhen. Um zu verhindern, dass irgendwer durch meinen Gestank ein akutes Kreislaufversagen erleiden würde, wechselte ich artig die Kleidung. Ein Jammer für die vielen Hunde, die auf ihrer morgendlichen Gassitour waren. Sie wären sicher hocherfreut über diesen Geruch gewesen. Wahrscheinlich wären sie an mir hoch gesprungen und hätten sich kaum eingekriegt über die Tastsache, dass sie einem Zwergpinscher auf zwei Beinen begegnet waren. Meine Beine fühlten sich beim Laufen ziemlich entspannt an. Kein Kater oder andere animalische Spuren. Nach kurzweiligen 30 Minuten war das morgendliche Training beendet. Ein Frühstück ohne jegliche Richtlinie wartete auf mich. Meine

Trainings- und Essensdisziplin hatte die letzten Tage wirklich einen ordentlichen Einbruch erlitten. Meine Reise zum Marathon hatte viele Körner gefressen. Neben dem Training kam auch noch der Umstand dazu, dass ich neben meiner normalen Arbeit noch eine Selbstständigkeit aufbaute und auch noch ein Pony zu versorgen hatte. Dies waren alles Bonusinhalte, die man auf einer echten Reise nicht hatte. Da war man weg. Raus aus dem Alltagstrott.

Nach meinem Frühstück fuhr ich mit meinem Fahrrad zur Arbeit. Es nieselte leicht. Die Beine fühlten sich wieder an wie Blei. Ein klein wenig freute ich mich auf das Ankommen in Gelsenkirchen. Auch wenn ich grundsätzlich Freude an einem derartigen Leben hatte. Ich fühlte mich langsam einfach reif für die Insel.

Die Arbeit wurde wieder mit basischen Tees, ein paar Futtereinheiten und natürlich Kaffee überbrückt. Abends ging es dann schwer hungrig nach Hause. Ich hatte kaum mein Fahrrad abgestellt, da hatte ich auch schon die Jeans aus und die Laufhose wieder an. Die zweite Trainingseinheit stand an. Was hatten wir eigentlich für einen Tag? Ich fühlte mich schon total wirre durch die vielen Einheiten. Ich schleppte mich in die erste Etage, um mich erst mal zu mobilisieren und zu dehnen. Die Black Roll tat ihr Bestes. Nach den kleinen Schmuseaufwärmtätigkeiten ging es dann an mein knallhartes Workout. 15 Minuten das Übliche. Kniebeugen, Beinscherencrunch und Liegestützen. Ich knallte die Dinger mal wieder unüberlegt durch. Einfach weil es ging. Nach den 15 Minuten war mein kompletter

Körper knallrot und nass vor Schweiß. Maximale Durchblutung sämtlicher Strukturen. Ich zog mir ein T-Shirt und eine Jacke an und schrubbte noch weitere 60 Minuten durch die Landschaft. Die Beine wurden zwischendurch weich wie Butter im Wasserbad. Ich hatte Hunger und wollte nur noch essen. Ich dachte nur noch an das Eine. Den Kühlschrank und seinen kostbaren Inhalt. Die wunderschöne Landschaft nahm ich nur noch beiläufig wahr. Ich war bei der Kreation meines Abendesssens. Ich probierte im Geiste alle möglichen Kombinationen durch. Das war das Einzige, was jetzt wichtig war. Ich hatte ihn wieder einmal erreicht. Den Grundzustand des Jäger und Sammlers. Es ging nur noch um Essensbeschaffung und Überleben.

Dienstag, 9.Mai 2017
Liebes Tagebuch,
der Wecker rappelte heute wieder um 5:30 Uhr los. Meine derzeitige Motivation hinsichtlich meiner Trainingseinheiten hielt sich ziemlich tapfer in einem äußerst bescheidenen Rahmen. Ich schaffte es, mich laufbereit zu machen. Es warteten insgesamt 14 km mit 10 km Marathontempo auf mich. Fertig gestriegelt stand ich dann in der Küche und kippte mir ein Glas Wasser in den Magen. Tee war mal wieder aus. Ich litt unter einer globalen Motivationsschwäche. Selbst das abendliche Teekochen ging mir durch. Ich war leer und platt. Ich wollte heute Vormittag nach dem Laufen auch noch ganz früh zum

Pony. Das musste unbedingt auch noch trainiert werden. Den restlichen Tag musste ich arbeiten. Und abends wartete dann die zweite Einheit. So die Theorie.

Da stand ich nun mit meinem Glas Wasser in der Hand, Laufhose am hintern und Laufshirt am Torso. Nein! Ich laufe nicht! Ich exte das restliche Wasser weg und zog die Laufhose wieder aus. Man musste auch mal spontan erkennen, wenn der Plan Scheiße war bzw. man nicht in der Lage war, ihn umzusetzen. Ich stopfte meine zähen Beine in die Reithose, frühstückte und machte mich um halb sieben auf den Weg zu meinem Pony. Es guckte ziemlich überrascht, als ich anstelle seines Fressens vor ihm Stand. Keine Frage, letzteres wäre ihm lieber gewesen. Aber wie hieß es so schön, das Leben war kein Ponyhof. Nun musste er halt auch mal ein Nüchterntraining hinter sich bringen. Dem armen Zwerg knurrte so sehr der Magen, dass ich es beim Reiten sogar hörte. Verzweifelt versuchte er jeden Grashalm zu schnappen, der ihm in die Quere kam. Das kannte ich von meinen langen Läufen nur zu gut.

Nachdem ich mit reiten fertig war, ging es schnell wieder nach Hause. Ich hatte mich dazu entschlossen doch noch eine Runde laufen zu gehen. Wenn man an dieser Stelle genau präzisieren würde, welcher Anteil von mir sich dazu entschieden hatte, dann würde man zu dem Ergebnis kommen, dass mein verbissenes Hirn diese Entscheidung getroffen hatte. Keinesfalls mein Gefühl. Mein Gefühl hinsichtlich des Verlangens nach Bewegung hatte schon seit längerer Zeit keine Lust mehr auf diesen dämlichen Plan, den mein Hirn da gebaut hatte. Ich wollte nur noch vor mich brödeln. Hier ein Workout und da ein Leguanolauf. Vielleicht hier einen Wettkampf und da einen Klimmzug. Um eine Redewendung aus einem Lehrbuch wieder zu geben: Ich wollte einfach unverbindliche sportliche Betätigung betreiben. Hierbei war lediglich die Befriedung durch den Sport die Triebfeder und nicht das zweckmäßige Arbeiten für ein Ziel. Mir schien, dass ich in meiner Belastung resignierte und keine Lust mehr hatte auf diese wahnsinnig langen 42,195 km. Warum war diese Distanz, die aus einer Legende entstanden war, nur etwas so Beeindruckendes? Streng genommen war diese krumme Distanz auch erst Jahre später in London zu dem geworden, was sie jetzt war. Die ursprüngliche Marathondistanz lag bei 40 km, was meiner Meinung nach bei weitem ausgereicht hätte. Aber dank der Queen wurde es zu dieser beknackten, krummen Zahl. Wie dem auch sei, meine Motivation auf diesen Marathon verkümmerte jeden Tag ein Stückchen mehr.

Ich hatte mich also tatsächlich, diszipliniert wie ich war, noch auf meine Laufrunde begeben. Der Körper war murks. Meine erste Entscheidung heute Morgen war goldrichtig gewesen. Mein Puls war sofort „an". Ich hatte die Frequenz eines Kolibris. Mit jedem Schritt verlangsamte ich das Tempo. Der Puls musste runter. Ich ging schon beinahe und der Puls ließ mich fast abheben. Warum hatte ich nicht auf mein Gefühl gehört? Ich machte eine kleine Runde und schaffte es tatsächlich, meinen Puls marginal runter zu holen. Ich sehnte mich nach einer heißen Dusche und meiner Couch. Zu Hause hockte ich mich erst mal erschlagen auf die Toilette und weil ich gerade in einem so fitten Zustand war, fiel mir das Klopapier aus der Hand und rollte einmal quer durch das Badezimmer. Passierte sowas eigentlich nur mir oder gab es auch andere Lebensformen in diesem Universum, die verzweifelt nach dem weggerollten Klopapier angelten? Ich kicherte leicht amüsiert vor mich hin und rollte unbeholfen die Rolle wieder zusammen. Gleichzeitig brummte meine Fitnessuhr. Los! Sie hatte eine eigentlich sinnvolle Funktion, die einen daran erinnerte, sich öfters mal zu bewegen. In meinem Falle war ich mir jedoch nicht sicher, ob sie noch ganz sauber tickte. Selbst nach meinen langen Läufen meckerte sie mich regelmäßig an, ich solle mich bewegen. Für den restlichen Vormittag würde es bei mir auf jeden Fall kein „Los" mehr geben. Vielleicht würde ja die zweite Einheit heute Abend besser werden.

Vor der Arbeit machte ich noch einen Streifzug durch einen Einkaufsladen und sah an der Kasse das Beste, was mir je unter die Augen gekommen war. Toilettenpapier mit farbigen Einhörnern. Ich musste dieses Klopapier unbedingt haben. Wenn mein Leben einen Sinn hatte dann den, diesen Einhörnern zu zeigen wo der wahre Sternenstaub her kam. Höchst erheitert über dieses wundervolle Toilettenpapier machte ich mich an die Arbeit. Dort knüpfte ich an meinem tollpatschigen Vormittag an und unterhielt meine Kundschaft mit einer weiteren Heldentat. Ich bediente eine Kundin und im Eifer des Gefechtes fiel mir ein OB aus der Hosentasche. Es rollte quer durch den Raum. Somit waren wenigstens alle Anwesenden darüber aufgeklärt, in welchem Abschnitt des weiblichen Zyklus ich mich derzeit befand. Die Situation erinnerte mich ein klein wenig an die peinlichste Situationen, die ich je in meinem Arbeitsalltag erlebt hatte. Ich hatte vor vielen Jahren einen Sonntagsdienst und die Apotheke stand rappelvoll. Vor meinem Dienstanfang hatte ich meine Nase mit einer Nasendusche gespült. Ich hatte eine absolut überflüssige Erkältung und meine Nebenhöhlen saßen voll mit Sekret. Beim Durchspülen meiner Nebenhöhlen mit der Salzlösung war eine unsagbar große Menge in den Tiefen meines Schädels versickert. Ich hatte nicht gedacht, dass sie nochmal zurück ans Tageslicht kommen würde. Als ich mich in einem Verkaufsgespräch dann bückte, um aus den unteren Schubladen ein Pröbchen heraus zu fischen und danach wieder oben ankam, flossen die verschollenen Unmengen aus meiner Nase. Ich stand vor meiner Kundin und das Wasser, vermengt mit Schleim, tropfte auf die Theke zwischen uns.

Als ich heute abends zu Hause aufschlug, hatte ich zwar keinen nagenden Hunger, aber ich hatte dennoch keine Lust mehr zu laufen. Auf den Part des Workouts hatte ich sehr wohl Lust und zog ihn auch durch. Die Spuren des gestrigen Workouts waren nicht zu „überfühlen". Aber ich liebte das Gefühl der Erschöpfung durch diese kurzen, intensiven Einheiten. Vielleicht war dies meine Berufung und nicht der Langstreckenlauf.

Mittwoch, 10. Mai 2017
Liebes Tagebuch,
meine Einstellung und Verfassung hält sich wacker. Man könnte beinahe denken, dass ich mich den Launen meines Schweinehundes geschlagen gebe. Heute stand wieder eine Koppeleinheit aus Ergometer, Zugübungen und Leguanolauf an. Alles was ich an diesem Morgen zu Stande brachte war das Ergometer und die Zugübungen. Das Laufen stellte derweil ein absolutes „No-Go" für mich dar. Ich konnte wirklich nur hoffen, dass ich in 1 ½ Wochen in Gelsenkirchen wieder Lust hatte zu laufen, sonst müsste ich ernsthaft über die Teilnahme nachdenken. Ich konnte mich nicht daran erinnern, dass mir eine derartige Entwicklung innerhalb einer Marathonvorbereitung schon mal wiederfahren war. Lag es an dem Ausmaß? Oder vielleicht an dem Gesamtpaket, dass ich im Moment in meinem Leben zu schleppen hatte? Zu viel auf einmal? Ich wusste es nicht. Die Bewegungsfreude war zum Glück noch immer erhalten, nur leider ziemlich laufunspezifisch. Sie spiegelte sich heute durch unzählige Klimmzüge wider. Ich hatte die Klimmzüge zwar nur morgens geplant, aber praktiziert hatte ich sie sogar auch abends. Sie funktionierten immer besser und es war im ganzen Körper ein großartiges Gefühl. Mir schien, dass ich gerade ein klein wenig verliebt in Klimmzüge war. Wenn ich Glück hatte, dann würde ich

mich nicht bis zum 21. Mai nur noch an ihnen ergötzen, sondern auch noch meine Laufstrukturen geschmeidig halten.

Donnerstag, 11. Mai 2017
Liebes Tagebuch,
es sind noch genau 10 Tage bis zum Tag X des Marathons. Heute stand der letzte lange Lauf an. Allerdings nur in abgespeckter Version. 20 km. Der Wecker tat seinen morgendlichen Job und ich tat das Gleiche, wie die vergangenen Tage. Ich hatte keine Lust zu Laufen und cancelte den Nüchternlauf. Ich war tatsächlich gar in Sachen Laufen. Statt an die Spezifik zu denken, die ich im Marathon benötigte, schwirrten meine Gedanken um Workouts und andere geschäftliche Dinge. Mensch Marion, reiß Dich doch mal am Riemen! So kurz vor dem Ziel kannst Du doch nicht die Segel streichen! Oder war es vielleicht hilfreich, die Angriffsfläche zu reduzieren? Brauchten meine Laufstrukturen vielleicht einfach ein paar Tage mehr zum Erholen? Sollte ich auf meinen Körper hören? Ich hatte keine richtigen Antworten auf die Fragen. Das einzige was ich wusste, war, dass ich keine Chance hatte, mich gegen diese Unlust zu wehren. Von mir aus konnte der Schweinehund seinen Sieg feiern. Ich konnte mich einfach zu keinem einzigen Nüchternkilometer mehr aufraffen. Wie auch immer ich es die vergangenen Wochen geschafft hatte, so viele Kilometer nüchtern abzureißen, nun war ich unfähig dazu. Ich machte die gleiche Planänderung wie

Dienstag, frühstückte und machte mich dann direkt auf den Weg zu meinem Pony. Beim Reiten brach ich dann auch beinahe nach ein paar Minuten ab, weil ich einfach platt wie eine Flunder war. Ich probierte dennoch weiter zu machen und einen annehmbaren Ritt zusammen zu bekommen. Die Klimmzüge vom gestrigen Tag machten sich doch ziemlich heftig bemerkbar. Warum war ich auch immer in allem so extrem? Musste ich denn gleich so viele Klimmzüge machen, nur weil es ging? Auf diese Frage gab es nur eine Antwort. Ja, es musste sein. Ich hatte mittlerweile zumindest einen echt guten Rücken und die beste Verdauung, die es geben konnte. Und ich hatte heute bestimmt eine halbe Stunde in meiner Hängematte gelegen und keinen Mucks gemacht. Das hatte ich schon lange nicht mehr getan. Gab es einen schöneren Ort als eine Hängematte in der Sonne? Ich denke nicht. Man muss sich halt auch mal in der Komfortzone austoben dürfen.

Freitag, 12. Mai 2017
Liebes Tagebuch,
ein weiterer Tag ist ins Land gegangen. Meine Marathoneinstellung hat sich nicht im Geringsten verändert. Mein Tag startete unüblich, da ein verlängertes Wochenende in Den Haag anstand. Kurzurlaub musste auch mal sein. Ich hatte mir für dieses Wochenende absolute Hemmungslosigkeit vorgenommen. Zumindest was meinen Essens- und Trainingsalltag anging. Ich hatte keinesfalls vor, mir die „Lampen aus" zu kiffen und wild durch Den Haag zu

tanzen. Ganz so schlimm sollte es nicht werden. Aber zumindest wollte ich einfach mal das tun, was andere Menschen auch immer taten. Sachen essen, die furchtbare Nährstoffkombinationen aufwiesen und höchstens einen positiven Effekt in der Schweinemast entfalteten. Und auch mal ein bisschen Wein trinken.

Der Wecker klingelte zu unserer normalen Aufstehzeit um 5:30 Uhr. Nach einer kurzen Phase der Intelligenzakquise innerhalb meines Hirns, kroch ich in gewohnt spritziger Weise aus dem Bettchen. Ich wollte meinen Tag zumindest mit ein paar Klimmzügen starten. Die Vorstellung zu Laufen war dagegen ein Ding der Unmöglichkeit. Ich machte ein paar Klimmzüge, die immer besser klappten. Das würde mir im Marathon absolut nichts bringen. Warum war ich gerade nur so konfus und rebellisch? Um 7:00 Uhr machte ich mich dann startklar für die Reise. Mit einer Gruppe von 47 netten Menschen ging es dann in einem Bus Richtung Holland. Es herrschte eine fröhliche Stimmung und die Atmosphäre in dem Reisebus hatte etwas von Klassenfahrt. Die Verpflegung unterwegs setzte sich vornehmlich aus Kohlenhydraten zusammen. Und da ich mal auf die Kacke hauen wollte, lebte ich wie ein ganz normaler, moderner Homo Sapiens und aß, was auf den Tisch kam bzw. auf das ausklappbare Brettchen an der Rückenlehne des Sitzes vor einem. Die belegten Brötchen und Muffins schmeckten grandios und ich genoss den Trip des glücklich machenden Stoffs.

Mittags erreichten wir als erstes Ziel den internationalen Strafgerichtshof. Es war ein merkwürdiges Gefühl zu wissen, dass hier über das Leben von Menschen geurteilt wurde, die wahnsinnig schlimme Sachen auf dem Kerbholz hatten. Hier ging es nicht um Diebstahl oder Mord an Einzelpersonen. Hier ging es um Massenmörder und ähnliche Kaliber. In einem Vortrag wurden ein paar dieser Menschen vorgestellt. Es gab sie wirklich, diese Menschen und sie sahen nicht viel anders aus, als andere Menschen. Wie vielen Menschen begegnete man wohl in seinem Alltag, die auch furchtbare Geheimnisse in sich trugen? Mein kleines naives Wesen schluckte in Anbetracht der vorhandenen Grausamkeit, die es tatsächlich auf diesem Planeten gab. Wir durften Teilhaben an einer dieser Verhandlungen, die sich über Jahre hinzogen.

Nach dem Abstecher in die fremde Welt des Strafgerichtes ging es in unser Hotel. Ich war von den vielen Kohlenhydraten komplett gar und wackelig. Klarer Fall von labilem Fettstoffwechsel durch viel zu viel Insulin und schwankenden Blutzuckerspiegel. Ich konnte mich kaum mehr auf den Beinen halten. Ein Zustand, den ich unter meiner normalen Ernährung nie hatte. Vollkommen verzweifelt hatte ich mir erst einen neongrünen Apfel aus der Hotel Lobby und dann eine Tüte Erdnüsse aus dem Hotelzimmer einverleibt. Die Zeit bis zum Abendessen konnte ich aus eigener Kraft irgendwie nicht mehr aushalten. Abends ging es dann an den Strand in eine wahnsinnig schöne Location mit Grillbuffet, Salat, Gemüse,

Pommes und einem unglaublich guten Dessertbuffet. Ich ließ mich wie geplant gehen und genoss das Essen mit all seinen ernährungsphysiologischen Katastrophen. Dazu gönnte ich mir tatsächlich zwei Gläser Rotwein. Das Wetter war recht durchwachsen und der Himmel hing voller dicker Wolken, die den Sonnenuntergang zu einem faszinierenden Farbschauspiel werden ließ. Vor dem Strandcafe brannte ein Lagerfeuer, das vor der Kulisse des Meeres und des Sonnenuntergangs für einen absolut perfekten Anblick sorgte. Es fing immer wieder an zu regen und mit den letzten Sonnenstrahlen des Tages baute sich ein wunderschöner Regenbogen am Horizont auf. Die leicht betörende Wirkung des Weines und die großartige Abendstimmung versenkten den letzten Funken an Marathonstimmung in meinem Körper. Voll gefuttert von dem Essen war ich vegetativ eh nicht mehr in der Lage, mich zu bewegen. Instinktiv wollte mein Körper jetzt nur noch ins Feuer gucken und ansonsten nur noch in der Höhle verschwinden, um das fette Essen zu verwerten. Ich dachte an den Marathon in gut einer Woche. Zum jetzigen Zeitpunkt wollte ich zum Verrecken keinen Schritt laufen. Hier in Den Haag strotzte es vor wunderschönen Laufwegen und ihr Anblick erweckte in mir nicht den geringsten Funken Lust zu laufen. Was war nur passiert? Hatte ich es übertrieben? Oder war ich einfach nicht mehr in der Lage, über längere Zeit in der Gegend rum zu rennen? Für mich stand eines fest. Wenn ich am 21. Mai noch immer in dieser mentalen Verfassung sein würde, dann würde ich den

Marathon nicht laufen. Auch wenn ich gesund war und keinen wirklichen Grund hatte, würde ich mich in diesem Zustand nicht auf die 42,195 km begeben. Der lange und aufregende Tag endete dann für mich recht spät im Hotelzimmer. In dieser Nacht wurde ich von zwei massiven Wadenkrämpfen heimgesucht. Dass der Wein sich so schnell elektrolytisch bemerkbar machen würde, hätte ich niemals gedacht. Ich hatte den Zustand von kompletter Leistungsfähigkeit erreicht*. Mental und körperlich. *Achtung Ironie.

Samstag, 14. Mai 2017
Liebes Tagebuch,
I'll be back! Nach meiner durchwachsenen Nacht mit zwei massiven Wadenkrämpfen begann der Tag mit einem meiner derzeitigen Lieblingsworkouts aus Liegestützen, Kniebeugen und Beinscherencrunch. Von planmäßigem Verhalten war wie geplant keine Spur. Meine linke Wade fühlte sich an, als hätte sie letzte Nacht bereits 42,195 km abgerissen. Unglaublich, wie sich so ein ausgewachsener Wadenkrampf auswirken konnte. Nach einem umfangreichen Dehnprogramm mit quälenden „Black Roll Kugel Bearbeitungen" fühlte sich meine Wade wieder einigermaßen intakt an. Nach dem Frühstück ging es auf eine zweistündige Stadtführung durch Den Haag. Etwas Kultur für mein verkorkstes Hirn. Historische Fakten haben leider zu meinen Gehirnzellen die gleiche Affinität wie ein Regenwurm zur Sahara. Ich bemühte mich, möglichst viel

von diesen Informationen in mir aufzunehmen und kämpfte gegen den immer wieder aufkeimenden Gedanken an den Marathon. Würden die mentale Stärke und die Lust wieder kehren? Gegen Mittag war das intellektuelle Programm beendet und wir suchten uns eine Institution zwecks Nahrungsaufnahme. Wir fanden einen wahnsinnig hippen Laden, in dem es Kaffee und „fresh foods" gab. Hier würde es sicher einen Salat für mich geben. Problem an der ganzen Sache war die durch und durch holländische Speisekarte, die für mich wenig verwertbare Informationen zu den Zutaten der jeweiligen Salate enthielt. Was auch immer ich mir da bestellt hatte, es würde sicher schmecken. Der Salat kam, sah und schmeckte. Was in ihm enthalten war, blieb dennoch ein Rätsel. Beim Mümmeln der nicht identifizierbaren Pflanzenteile wurde mir plötzlich bewusst, dass wir uns im Land des Hanfes und der „Superpilze" befanden. Hoffentlich war das kein „Kiffersalat". Der Hunger trieb den Salat trotz der Bedenken gänzlich in meinen Magen. Ich war gespannt, ob sich ein kleiner Pilztrip einstellen würde und ich den restlichen Tag auf meinem Einhorn über einen Regenbogen galoppieren würde. Nach einer kleinen Verdauungspause schlüpfte ich seit mehreren Tagen endlich wieder in meine Laufschuhe. Die psychotischen Auffälligkeiten waren nicht gravierender als sonst. Ich hatte den Salat mit seinen verschlüsselten Zutaten ganz gut verarbeitet. Meine Füße setzten sich auf dem holländischen Boden in Bewegung. Die Beine fühlten sich gut an. Der Kreislauf und der restliche Kram meines

Körpers waren auch wieder da. Der komplett geschrotete Zustand war zum Glück verschwunden. Ich lief gute 11 km durch einen wunderschönen Park und hatte das Gefühl, mitten in der Natur zu sein. Keine Spur von Großstadtflair. Wald, Wiesen, ein Tierpark sowie ein See spendeten mir eine erholsame Landschaft für meinen Lauf. War ich wieder zurück aus dem Laufkoma? Mein Lauf hatte sich wieder richtig gut angefühlt. Die Beine waren voll. Die krampfanfällige Wade war ebenfalls unauffällig. Aber ob das für 42,195 km reichen würde? Nach dem Lauf machte ich vor lauter Euphorie noch gleich ein zweites Workout. Summa summarum kam ich an diesem Tag auf ca. 240 Liegestützen, 250 Kniebeugen und unzählige Beinscherencrunches. Zur Belohnung ging es in ein edles Restaurant in Den Haag. Ein weiterer Abend im Zeichen des zügellosen Genusses. Trotz des Warnschusses meiner Wade gönnte ich mir drei Gläser Rotwein. Ein Glas mehr als an dem Abend zuvor. Es ging bergab mit mir. Die Mousse au chocolat saugte ich auch tief in mich auf. Nach einem langen Abend lag ich um halb eins wieder in meinem Hotelzimmer. Ich war es nicht mehr gewohnt, so lange wach zu sein. Vollkommen gebügelt von den vielen Kohlenhydraten und Alkoholeinheiten schlummerte ich friedlich ein.

Sonntag, 14 Mai 2017

Liebes Tagebuch,

die letzte Nacht hatte zum Glück keine überraschenden Unannehmlichkeiten für mich übrig. Die Wade hing brav als schlaffer Muskel zwischen Knie und Sprunggelenk rum und machte keine Faxen. Mein Schlafrhythmus allerdings war ein klein wenig verwirrt. So spät ins Bett gehen war außerhalb seines Erfahrungsschatzes. Ich konnte das Schlafdefizit nicht in dem Maße kompensieren, wie mein Körper es benötigte. Ich schluffte leicht betäubt durch das Frühstücksbuffet und schaufelte mir Quark, Nüsse und Obst in mein Schüsselchen. Um 10:00 Uhr ging es dann auf die Heimreise mit einem Zwischenstopp in einem ziemlich abstrakten Museum. Es war nicht nur voller skurriler Kunstwerke, sondern verfügte über Toiletten, die edler kaum sein konnten. Die Wände und Böden waren komplett aus Marmor und das Toilettenpapier war hochwertiger als sämtliche Kleidung an meinem Körper. So einen weichen und zarten Stoff hatte mein Hintern in diesem Leben noch nie zu Gesicht bekommen. Die einzelnen Räume des Museums forderten meinen Geist in ungewohnter Weise. Es bedurfte einer gewissen Kreativität, um zu verstehen, was die jeweiligen Künstler damit ausdrücken wollten. Ganz auf meinem Niveau war ein Kunstwerk, das nur aus Toilettenpapier bestand. Eine riesige Pyramide aus streichelzarten Klopapierrollen. Nach vielen kreativen Skulpturen und einer langen Heimfahrt endete der Kurzurlaub an meiner geliebten Klimmzugstange. Mit neuen, frischen Hanfsamen im Tank gingen sie wie geschmiert. Der Gedanke an den Marathon hatte wieder etwas Realistisches.

Montag, 15. Mai 2017
Liebes Tagebuch,
meine letzte Woche vor dem Marathon startete vollkommen planlos. Was auf meinem Plan stand, entzog sich sogar komplett meiner Kenntnis. Ich blickte in einen strahlend blauen Himmel und entschloss mich spontan zu einem frühmorgendlichen Besuch beim Pony. Nach der Ponypflege gab es noch eine Runde Meerschweinchenpflege. Nach den Tätigkeiten als Tierpfleger machte ich mich auf eine Runde mit meinen Barfußschuhen. Die Beine fühlten sich gut an. Das sommerliche Wetter weckte sämtliche Lebensgeister. So durfte das Wetter bleiben. Nach dicken Wolken, Regen und Kälte hatte ich keinen Bedarf mehr. Die leisen Schritte auf dem Asphalt hallten wie ein Echo durch die Windungen meiner grauen Substanz und suchten nach einer Antwort auf die alles entscheidende Frage. Sollte ich die 42,195 km am Sonntag angreifen oder sollte ich es lassen? Sollte ich die vielen Trainingskilometer als einen schönen Lebensabschnitt zu den Akten legen oder sollte ich versuchen zu ernten, was ich gesät hatte? Ich war mir einfach nicht sicher, ob ich meinen Körper nicht überfordert hatte. Vielleicht hatte ich meinen Zenit überschritten. In diesem Fall würde ich mit dem

Marathonversuch noch einen oben drauf setzen. Ich hatte schon 27 Marathons und Ultramarathons gefinisht und war einigermaßen erfahren. Ich hatte ein gutes Körpergefühl, das mich nur wenige Male im Stich gelassen hatte. Mein derzeitiges Körpergefühl war sich nicht sicher, ob die übersichtlichen 1,65 m gewappnet waren für die Königsdisziplin im Laufsport. Mein Körper lechzte stattdessen nach Workouts. Er hatte scheinbar genug von der ewigen Kilometerschrubberrei. Er wollte drücken, ziehen und Muskeln aufbauen. Und diesem Bedürfnis gab ich mich auch heute wieder geschlagen. Nach meinem Arbeitstag zog ich noch eines meiner Workouts durch. Wenn sich mein Marathon nur im Ansatz so kraftvoll anfühlen würde, dann wäre meine Überlegung bezüglich meines Startes eine ziemlich einfache Angelegenheit. Für die nächsten Tage hatte ich mir Folgendes überlegt: Kein Plan und nur das tun, worauf Fleisch und Geist Lust hatten.

Dienstag, 16. Mai 2017
Liebes Tagebuch,
ich bin zurück im Nüchterntraining. Unglaublich, aber wahr. Ich hatte gestern heimlich einen Blick auf meinen Trainingsplan geworfen und hatte dabei gesehen, dass für Dienstag ein 9 km Lauf geplant war. 2 km einlaufen, 5 km Marathontempo und 2 km auslaufen. Ich hoppelte wie ein Duracellhäschen unter dem Getöse des Handyweckers aus meinem Bettchen und war voller Motivation, mir endlich wieder mein Frühstück zu verdienen. Ich kippte mir einen

Becher kalten Tee in den leeren Magen und zog mich um. Ich war gewillt und bereit für meinen Frühsport. Das Wetter hatte einen deutlichen Temperaturanstieg zu verzeichnen. Endlich durfte ich mal wieder eine kurze Hose spazieren führen. Ich startete meine Uhr und lief los. Die linke Wade machte sich umgehend bemerkbar. Jene Wade, die mir in Den Haag bereits den Krieg erklärt hatte. Die restlichen Muskeln, die für die Flugphasenakquise zuständig waren, fühlten sich auch zäh an. Das würde sich bestimmt mit den nächsten Schritten auflösen. Ich lief locker über leicht nassen Asphalt. Die Luft fühlte sich an wie nach einem Sommergewitter. Warm und feucht. Eine dicke Wolkendecke verhinderte die Sicht auf das Blau des Himmels und die begrüßenden Sonnenstrahlen. Ich kürzte meine Einlaufphase etwas ab und forcierte das Tempo bereits nach einem Kilometer. Die Beine wurden tatsächlich mit jedem Schritt geschmeidiger. Es lief. Auch wenn es kein Traummarathontempo sein würde, hatte ich einen gewissen Flow im Lauf. Da waren nur mein Körper, die Schritte auf dem Asphalt, mein Atem und die nass warme Natur. Meine Jacke hätte ich mir sogar noch schenken können. In dieser leicht waschküchenähnlichen Atmosphäre lief mir der Schweiß nur so am Körper hinab. Die Jacke klebte an meinem Rücken wie ein nasser Sack. Ich lief und lief. Ich begegnete keiner Menschenseele. Dies würde auf dem Marathon nicht passieren, so viel war klar. Nach acht Kilometern war ich wieder zu Hause und fühlte mich um Welten besser als vor dem Lauf. Ich absolvierte noch ein paar Klimmzüge. Mit jedem Tag und jeder Klimmzugeinheit wurden sie besser, stärker und sicherer. Das Gefühl nach einer Klimmzugeinheit war gewaltig und nicht mit dem einer guten Laufeinheit zu vergleichen. Beides hatte etwas für sich. Aber das Empfinden von maximal durchbluteten Muskeln war besser als eine Tafel Schokolade. Wenn der Marathon nicht funktionieren würde, dann würde ich einfach abends zum Trost eine Runde Klimmzüge machen. Naja, und vielleicht unter Umständen noch eine Sicherheitstrostschokolade nachschieben.

Mittwoch, 17. Mai 2017
Liebes Tagebuch,
die Tage bis zum Marathon schmelzen nur so dahin. Mein Körper funktioniert an der Klimmzugstange nach wie vor vorbildlich. Hinsichtlich der Lauffunktion meines Körpers bin ich mir gerade ziemlich unsicher, ob diese gerade auf dem Gipfel der Leistungsfähigkeit angelangt ist. Die Empfindungen der unteren Extremitäten fühlen sich viel mehr nach Pool Party an. Das wäre jetzt genau das Richtige. Sonne, Wasser, Hängematte und ein paar glücklich machende Lebensmittel. Hin und wieder würde ich sogar eine Massage über mich ergehen lassen. Wenn es sein muss auch eine Fußreflexzonenmassage. Nun ja, aber 42,195 km würden fast die gleiche Befriedung in mir entfalten. Mein heutiger Tag startete wieder unplanmäßig. Anstatt der geplanten 5 km Laufen machte ich ein kurzes

Workout. Der Abend war gestern etwas lang und die Nacht etwas kurz geworden. Ich musste um 7:30 Uhr schon los zu einem Vortragstermin und musste daher die sportliche Betätigung zeitlich etwas komprimieren. Mein Kopf fühlte sich leicht angematscht. Entweder lag es an dem kurzen Schlafintermezzo oder an dem Glas Wein, dem ich mal wieder zum Opfer gefallen war. Womöglich war ich gerade auf dem besten Weg in ein total hemmungsloses Partyleben mit Alkohol und Kohlenhydraten. Die Karriere als möchtegern Profisportler hatte mich in die Drogenabhängigkeit getrieben. Ich machte mich pünktlich auf den Weg und startete mein Navi. Es war die letzten Tage tatsächlich ganz schön warm geworden. Die Luft, die einem entgegen wehte, erinnerte etwas an das Öffnen einer gerade fertig gewordenen Spülmaschine. Ich aktivierte meine Klimaanlage. Ein ekeliger Geruch strömte aus den Lüftungsschlitzen. Es roch nach angesengter Ratte. Ich erinnerte mich an eine wunderbare Mädchengeschichte aus meinem Leben. Eine Freundin hatte vor vielen Jahren in ihrem Auto ebenfalls einen merkwürdig modrigen Geruch. Als sie mit ihrem Auto dann an einer Tankstelle die Motorhaube öffnete, blickte sie in die Augen eines fetten Rattenkadavers, der zwischen ihren Schläuchen und Kabeln hing und vor sich hin schmorte. Ein integrierter Duftbaum mit alternativer Geruchsnote und zusätzlicher Funktion als pflegeleichtes Haustier für einsame Stunden. Was wollte man mehr?

Ich hatte keine Lust nach zu schauen, ob der Geruch meiner Klimaanlage auch durch etwaige Verwesungsprozesse von heimlichen Mitfahrern zustande kam. Ich ignorierte den Geruch und folgte brav den Anweisungen meines Navis. Nach gerade mal einem Viertel der Strecke erreichte ich einen Kreisverkehr, an dem ich laut Madame Navi die dritte Ausfahrt nehmen sollte. Jene Ausfahrt war allerdings gesperrt. Ein Desaster für meine minderentwickelte gehirninterne Orientierungssoftware. Ich bemühte mich wie ein normaler, erwachsener Bürger einfach der Umleitungsbeschilderung zu folgen. Das konnte doch wohl so schwer nicht sein. Während ich höchst konzentriert den Schildern folgte, quakte das Navi unentwegt ich solle gefälligst wenden. Die Ankunftszeit indes entwickelte sich zunehmend Richtung Unpünktlichkeit. Der Stresslevel in meinem Körper stieg proportional zu der unaufhörlich wachsenden Zielzeit. Irgendwann resignierte mein Navi und rechnete endlich eine neue Strecke aus. Die Fahrtzeit reduzierte sich schlagartig. Ich konnte mich wieder entspannt zurücklehnen und einfach dem Gebrabbel folgen. Kein angestrengtes Schildergucken und selber denken mehr. Mein Blick klebte gedankenversunken auf der Straße vor mir und entdeckte auf dem Asphalt die zwei schönsten Buchstaben im Leben eines Sportlers. PB. Ich war gerade auf dem Weg nach PB. Ein Lächeln erstreckte sich über mein Gesicht. Auch wenn ich noch nicht einmal wusste, ob ich den Marathon überhaupt laufe, befand ich mich zumindest in diesem Moment auf dem Weg zu einer persönlichen Bestzeit. Ich erreichte pünktlich mein Ziel, parkte meinen Wagen inklusive seines Verwesungsgeruchs und zog ein Parkticket. Ich ließ das kleine Zettelchen unter meine Windschutzscheibe gleiten. Es verschwand wortlos in dem Spalt zwischen Armaturenbrett und Scheibe. Wie konnte denn das passieren? Ich quetschte meine Finger in den Spalt und versuchte den Zettel heraus zu fischen. „Tut mir leid, ich konnte leider nicht pünktlich kommen, weil mein Auto das Parkticket gefressen hat." Ich kramte eine Schere aus meinem Handschuhfach, mit deren Hilfe ich den Zettel wieder an die Oberfläche kratzen konnte. Zum Glück hatte ich genau für solche dämlichen Zwischenfälle einen kleinen Zeitpuffer eingebaut. Trotz des kleinen Umweges und der Rettungsaktion meines Tickets aus den Tiefen meines Autos, kam ich pünktlich und durfte tatsächlich bis in die 6. Etage rauf klettern. Ich erinnerte mich an die Anweisung eines Marathon Papstes über die Gestaltung der letzten Tage vor dem Marathon. Er verbot jede Bewegung. Keine Treppen steigen oder anderen belastenden Tätigkeiten. Ich schleppte mich bis in den 6. Stock und ignorierte meine linke Wade, die bei jeder Treppenstufe wimmerte. Das würde sich bis zum Marathon sicher wieder geben. Und wenn nicht, dann würde ich mich einfach in dieses Runner's High reinlaufen und würde von den beflügelnden THC ähnlichen, körpereigenen Botenstoffen zehren, die mir jeden Schmerz raubten und mich Zeit und Raum vergessen ließen. Das schien mir ein guter Plan zu sein. Mein Vortrag lief zum Glück ohne Schmerzen ab, was man von meiner Heimfahrt allerdings nicht behaupten konnte. Ich hatte einen kurzen Zwischenstopp in einem Einkaufsladen. Der Kühlschrank verfügte nämlich mal wieder über zu viel unbesetzte Lagerfläche. Als ich mit meinem neuen Stoff wieder zu meinem Auto kam, hatte ein großer Lieferwagen meine Fahrertür ziemlich eingeparkt. Ich presste mich zwischen die Autos und versuchte mich durch den Schlitz in mein Auto zu zwängen. Dabei schmetterte meine rechte Schläfe kräftig gegen den Metallrahmen der Tür. Reflektorisch zuckte mein Kopf in die Gegenrichtung und krachte mit der anderen Seite gegen die Tür. Ich plumpste schmerzverzerrt auf den Fahrersitz. Mittellaut vor mich hin schimpfend rieb ich mir die Schläfe. Der reine Schmerz war das Eine, aber ein merkwürdiges Gefühl im Kopf das Andere. Ich hätte heulen können. Das war wohl ein klassisches K.O. So fühlten sich wahrscheinlich die Boxer, wenn ihnen die Lampen ausgeboxt wurden. Ich fuhr nach Hause und im Spiegel konnte ich schon eine leichte Verfärbung und Beule erkennen. Na super, ich freute mich auf die großartigen Dialoge. „Oh, was hast Du denn gemacht?" „Ich war einkaufen." „Ach so… ?!" Den restlichen Tag verbrachte ich noch mit arbeiten, essen, einer Runde in der sommerlichen Sonne und mit reiten. Sportlich gab es ansonsten nur ein paar Liegestützen und ausgewählte Übungen für die Mitte. Der Tag endete mit einem wunderbaren Sommerabend und einer granatenguten Nacht. Ich wurde gegen 24:00 Uhr wach und hatte das Bedürfnis mich zu übergeben. Mir stand das

Essen bis zum Hals. Ein beherzter Krampf meines Magens ließ mich aus dem Bett schießen. Ich eilte ins Bad, riss den Klodeckel hoch und blickte der Toilette tief in die Schüssel. Ich wartete. Mir war zwar übel, aber nicht so wie bei einem echten Magendarminfekt. Wenn ich Letzteres haben würde, dann wäre der Marathonstart definitiv hinfällig. Aber es fühlte sich auch irgendwie anders an. Während ich wartete, dass irgendwas geschah, fing beiläufig mein Schädel an zu pochen. Meine Beule hatte seinen Farbton etwas ins Blau hinein gesteigert. Hatte ich vielleicht eine kleine Gehirnerschütterung? Hatte ich mir vielleicht den einzigen Funken Intelligenz bei der Kollision mit dem Türrahmen zu Schrott gehauen? Der Verstand hatte schließlich seinen Stützunkt im präfrontalen Gehirncortex. Wie dem auch sei. Wahrscheinlich lebte es sich mit weniger Intelligenz eh besser. Man musste nicht mehr über jeden Pups nachdenken und das verschaffte einem bei einer zwiebelreichen Ernährung in der Tat eine enorme Erleichterung. Ich tröpfelte mir noch ein paar Iberogast Tropfen in den Mund und legte mich wieder ins Bett. Allerdings mit einem rosafarbenen Kotzeimerchen in unmittelbarer Nähe. Wenn kotzen, dann wenigstens wie eine Prinzessin.

Donnerstag, 18. Mai 2017
Liebes Tagebuch,
mein rosafarbenes Kotzeimerchen hatte die Nacht jungfräulich überstanden. Es musste nicht meiner

sternenstaubgleichen Kotze als Auffangbehältnis dienen. Die Übelkeit hatte sich unter mittelmäßigem Getöse meines Darmtraktes in Luft auf gelöst. Und das im wahrsten Sinne des Wortes. Der Wecker hatte seine Schicht heute später als sonst gestartet. Nach einer ziemlich langen Zeitspanne der Resignation meinem Wecker gegenüber blickte ich auf die Uhr. Es war bereits viertel vor sieben. Ich fühlte mich noch ganz schön müde und geplättet. Aber immerhin musste ich mir heute keine Kotztüte um den Hals hängen. Man musste immer die positiven Seiten zu schätzen wissen. Ich krabbelte aus dem Bett und bereitete mich auf das Leben jenseits der Haustüre vor. Der Plan sah vor heute fünf Kilometer zu laufen. Aber den Plan wollte ich laut aktuellem Plan ja nicht mehr befolgen. Also gab es keinen Plan. Einfach leben und machen wodrauf mein übrig gebliebenes Hirn Lust hatte. Da ich gestern Liegestützen gemacht hatte, würde heute das Einbringen von Zugübungen Sinn machen. Und da ich dabei im Moment eh am meisten Spaß hatte, hängte ich mich an meine hauseigene Klimmzugstange. Da wir nur in der Toilette einen Türrahmen hatten, an dem die Klimmzugstange hielt, fiel mein Blick während der Übungen auf den beruhigenden Anblick unserer Toilettenschüssel. Gab es etwas Motivierenderes als der Anblick eines Klos? Wohl kaum. Diese Kulisse stellte jede bisher dagewesene Hollywoodszene in den Schatten. Nach meinem Frühstück folgte eine Frühschicht Reiten. Es war schon ziemlich warm. Wenn es am Sonntag bei dem Marathon auch so warm werden würde, dann würden die 42,195 km auf jeden Fall eine ganze Menge Schweiß generieren. Wobei ich unmenschliche Mengen an Schweiß auch bei arktischen Temperaturen zu Stande brachte. Die Tatsache, dass ich mich seit fast zwei Wochen mehr mit Reiten, Liegestützen, Klimmzügen und Co. beschäftigte, sorgte bereits für eine gewisse Grundmenge an Angstschweiß. Die kilometergeschwängerten Wochen entzogen sich bereits sämtlichem Vorstellungsvermögen. Hatte ich jemals 35er abgerissen? Ich fühlte mich in dieser Hinsicht wie eine degenerierte, serienverschlingende Couchkartoffel. Meine Beine hatten reitspezifischen Muskelkater und meine Rückenmuskulatur brachte verschiedene Shirts an ihre Dehnkapazitäten. Ich war mir sicher, dass ich mir bei dem Marathon nicht nur einen Wolf laufen würde. Aber hey, ich war ja eh schon nebenberuflich Tierpfleger, da würde es auf den einen oder anderen Wolf auch nicht mehr ankommen.

Freitag, 19. Mai 20117
Liebes Tagebuch,
die Nächte bis zu dem Marathon sind gezählt. Also fast. Meine Betätigungen an diesem Freitag entziehen sich jeglicher Definition von Sport. Die Hauptenergie wurde heute für diverse Kautätigkeiten verfeuert. Und für das Manövrieren des Körpers rein ins Auto, raus aus dem Auto, rein ins Auto, raus aus dem Auto. Sowie das Zurücklegen der Strecken zwischen Toilette, Essen, Sauna, Matratze und

Supermarkt. Meine Muskeln fühlten sich mittlerweile an wie das, was ich jeden Morgen nach dem Frühstück in die Tiefen der Kanalisation abseile. Die Vorstellung, einfach diesen Marathon locker durch zu laufen, fühlt sich grandios an. Aber unrealistisch. Eine Bestzeit habe ich komplett zu den Akten gelegt. Vielleicht ein anderes Mal. Und wenn es kein anderes Mal mehr gibt, ist es auch nicht so wild. Ich muss meine Zeit nicht verbessern. Meine Bestzeit von 3:28 auf den Marathon ist eine super Zeit, die ich nicht verbessern muss. Für die Zeit nach dem Marathon weiß ich schon genau, was ich machen werde. Und ich freu mich drauf. Wenn ich mal ehrlich bin, habe ich die letzten 10 Tage schon genau so gelebt. Unplanmäßig, einfach nach den Launen meines Körpers. Ich habe an vielen Stellen eine fünf gerade sein lassen, habe auch mal einen Wein getrunken und gegessen, wonach mir war. Mich wirklich ungesund zu ernähren schaffe ich eh nicht. Höchstens hochgradig hyperkalorisch. Ich habe auf meinem Weg zum Marathon begriffen, dass es nicht nur um das Ziel geht, sondern auch um die Freude unterwegs. Der Spagat zwischen Fokussierung und leben ist nicht ganz einfach. Egal zu welchem Leben man sich entscheidet, es ist immer eine Frage der Prioritäten. Auf irgendwas muss man verzichten, es stellt sich nur die Frage, auf was. Was ist das Wesentliche, dessen Anwesenheit in keinem Menschenleben fehlen sollte?

Samstag, 20. Mai 2017

Liebes Tagebuch,

der letzte Tag vor dem Marathon ist gelaufen. Nur wieder ohne laufen. Der Plan hatte vor gesehen, dass ich meine Beine vor dem Frühstück ein letztes Mal daran erinnere, dass sie einen Marathon vor sich hatten. Aber wie die vergangenen Tage wollte ich auch heute nicht. Die Unlust, 42,195 km zu laufen, zog sich durch den ganzen Tag. Ich ignorierte die Schonzeiten, machte Klimmzüge und betätigte mich auf meinem Pony. Keine Spur von braver Regeneration. Das üppige Konsumieren von Kohlenhydraten fiel ebenfalls eher mau aus. Es gab zwar Kuchen und Nudeln, aber nicht in den Mengen, die ich sonst einverleibt hatte. Außerdem hatte ich meinen Ballaststoffkonsum in keinster Weise reduziert. Meine täglichen Portionen gequollenen Leinsamen futterte ich weiter. Und wenn es im Falle eines Marathonstartes zu mehrfachen Dixi-Stopps führen würde, dann wäre es mir auch egal. Als ich abends mit meiner Familie ein paar Nudeln trübsinnig in mich hinein drückte, kamen mir sogar die Tränen. Ich wusste nicht, ob ich laufen sollte bzw. konnte. Die letzten beiden Tage waren geprägt von diversen Feierlichkeiten in der Familie. Von Hochzeit über Kindergeburtstag war alles dabei. Dies brachte mich mal wieder zu der grundsätzlichen Frage nach den wirklich wichtigen Dingen im Leben. Im Zustand meiner Laufunlust eine verhängnisvolle Kombination. Ich dachte über mein Leben, meine Ziele und meinen Sinn nach. Reichlich schwerer Stoff sozusagen. Ich kam zu keinem Ergebnis, weder was den Start, noch was mein restliches Leben anging. Das Einzige, was ich an diesem Abend beschlossen hatte, war, dass ich die Entscheidung spontan morgen früh treffen würde.

Sonntag, 21. Mai 2017
Liebes Tagebuch,
meine Nacht war geprägt von einer ziemlich tiefenentspannten Nachtruhe. Da ich ja spontan entscheiden wollte, was ich tue, war ich ziemlich entspannt. Ich öffnete an diesem Morgen komplett ausgeruht meine Augen. Der Wecker kam gar nicht erst zum Einsatz, da ich bereits vorher fertig war mit dem nächtlichen Regenerationsprogramm. Ich entschloss mein Frühstück nur in Anlehnung an einen Marathonstart zu gestalten. Leinsamen, Quark und Nüsse stellten nicht das Mittel der Wahl dar. Aber ich wollte sie einfach. Diskussionen über die Sinnhaftigkeit kamen erst gar nicht zu Stande. Ein paar Haferflocken stellten einen gewissen Kompromiss dar und sollten für einen etwaigen Start die Leber mit frischen Kohlenhydraten versorgen. Nach dem Frühstück zog ich mir ohne darüber nachzudenken meine Laufklamotten an. Der Himmel strahlte in einem wundervollen Blau. Ein perfekter Tag zum Laufen. Wahrscheinlich würde es sogar etwas zu warm werden. Ich präparierte meinen Körper für den Marathon. Melkfett an die Stellen, die sich immer wieder gerne wund liefen und Kompressionsstrümpfe an die Füße.

Ich war scheinbar bereit. Hatte ich mich denn überhaupt entschieden? Ich packte meine Tasche und fuhr nach Gelsenkirchen. Ja, mir schien dass ich die letzte Etappe meiner Reise in Angriff nehmen wollte. Auch wenn es keine offizielle Entscheidung an diesem Morgen gegeben hatte und ich einfach nur instinktiv meinen Körper in Laufkleidung verfrachtet hatte, würde es heute ein finales Match mit den 42,195 km geben. Meine Verdauung hatte von meiner eher schleichenden Entscheidung zeitig Wind bekommen und wieder ein leichtes „Vorwettkampf Reizdarmsyndrom" generiert. Bis zu meiner Abfahrt hatte ich bereits zwei größere Toilettengänge absolviert. Als ich in Gelsenkirchen ankam, musste ich einen weiteren Stopp im Gebüsch machen, um ein drittes Geschäft zu erledigen. Ich spürte eine latente Aufregung. Kognitiv war ich eigentlich nicht aufgeregt. Ich wollte heute einfach nur überleben und hoffte, dass sich mein Körper an die vielen Trainingsreize erinnern würde, die ich vor ein paar Wochen gesät hatte. Auf dem Weg zum Start stöpselte ich mir meine Handykopfhörer in die Ohren und beschallte mein Hirn noch etwas mit „Never Forget". Ich schloss die Augen und fühlte die Motivation. Egal wie es ausgehen würde, ich wollte heute einfach auf mein Gefühl hören. Ich öffnete die Augen. Ich war in einer blau/weißen Welt gelandet. Überall waren blau/weiße Fahnen, Lokale und Schilder. Die Leidenschaft für Schalke war hier an jeder Ecke zu spüren. Sogar der Himmel strahlte in blau mit ein paar weißen Kondensstreifen. Ein riesiger Schwarm Läufer strömte

Richtung Start. Eine fröhliche und motivierte Stimmung herrschte im bunten Getümmel. Anstatt meiner jahrelang konsumierten Maltodextrinlösung gab es heute nur Sprudelwasser. Kein Stoff mehr vor der Belastung. „Nur der hungrige Wolf bringt Leistung". Ich setzte mich auf den Boden, mümmelte meine Flasche Wasser leer und hörte ein finales Mal „Never Forget". Eine Welle der Aufregung überflutete kurzfristig meinen Körper. Ich musste nochmal austreten. „Stressschiss Nr. 4" am heutigen Morgen. Aber gut, alles was jetzt schon draußen war, musste ich nicht über die Strecke schleppen. Mit Startnummer vor dem Bauch begab ich mich in meinen Startblock. Es war so weit. Der Countdown lief. Ich hatte in den letzten Wochen meine Vorbereitung mit einer Wanderung über 1000 Meilen verglichen. Denn auch ich hatte durch die vielen Trainingseinheiten, Ernährungseinschränkungen, die ich mir einen Großteil der Vorbereitung auferlegt hatte, eine sehr intensive Zeit. Ich hatte oft die ganz einfachen Bedürfnisse herbei gesehnt und mich an ihnen erfreut. Und nun war ich im Begriff, anzukommen und meine Reise zu beenden. Die letzten Wochen waren geprägt von einer Art Resignation. Ich wollte und konnte nicht mehr. Vielleicht hatte ich auch zwischenzeitlich aufgegeben. Es war eine Reise, wie sie im wahren Leben vorkam. Voller Erschöpfung verlor man den Mut und das Ziel aus dem Auge. Mein ursprünglich gesetztes Ziel, meine Bestzeit zu pulverisieren, hatte ich abgehakt. Mein neues Ziel war nun, meine Reise vernünftig zu beenden. Wie und wo auch immer. Und dann war es soweit. Die letzten Sekunden wurden runter gezählt und unter einer blau/weißen Konfettiexplosion starteten die Marathonläufer auf ihre Reise durch das Ruhrgebiet. Meine ersten Schritte fühlten sich keineswegs gut an. Meine linke Wade, die sich neulich zu einem massiven nächtlichen Krampf entschlossen hatte, zwickte bei jedem Schritt. Meine linke Pobacke erinnerte mich an die vielen Squats, die ich gemacht hatte. Ob mir das wohl zum Verhängnis werden würde? Die 3:30 Brems- und Zugläufer mit ihren hübschen blauen Ballons liefen in Sichtweite mit einer gewohnt großen Traube Läufer vor mir her. Ich hatte keine besonders große Ambition, an ihnen vorbei zu ziehen. Ich ließ meine Beine einfach ihr Tempo finden. Der Abstand zu der 3:30er Traube wurde mit jedem Meter geringer. Sollte ich meine Beine laufen lassen oder sollte ich lieber in Anbetracht des warmen Wetters bremsen? Ich hörte auf meine Beine und ließ sie gehen. Langsam schob ich mich an den hübschen blauen Ballons vorbei. War das gerade doch ein Angriff auf meine Bestzeit? War ich doch auf dem Weg nach PB? Nein, es waren gerade mal ein paar gelaufene Kilometer und jegliche Spekulationen über eine neue Bestzeit waren mehr als naiv. Ich setzte mich langsam und stetig von den Brems- und Zugläufern ab. Jetzt bloß nicht übermütig werden und überziehen. Wir steuerten die erste Zeche an. Essen Zeche Zollverein. Eine Bombenstimmung erwartete uns. Eine erste Gänsehaut kroch über meinen noch trockenen Körper. Ich probierte mich zu bremsen. Mir gingen die Worte eines Freundes durch den Kopf. „Nicht die

die Strecke macht Dich fertig, sondern das Tempo am Anfang." Die Sonne war bereits jetzt schon ganz schön warm. Ein zu hohes Tempo konnte einem unter den Bedingungen noch schneller zum Verhängnis werden. Wir verließen die Zeche Zollverein und ich begann an jedem Verpflegungsstand Wasser zu trinken und mich mit Schwämmen zu bewässern. Ich musste von Anfang an meine Wasserreserven schonen. „Halt Dich flüssig!" schoss es mir immer wieder durch den Kopf. Eine kleine Gruppe aus vier blauen, einem grünen und einem roten Läufer bildete sich um mich herum. Wir liefen als ob wir uns abgesprochen hätten, ein konstantes Tempo und wechselten uns ab mit der Tempoarbeit. Als würden wir uns schon ewig kennen, arbeiteten wir uns über die Strecke. Weit und breit war keine weitere Dame zu sehen. Ich war in meinem Bereich scheinbar für die Damenquote zuständig. Unsere kleine Gruppe arbeitete sich Richtung Nordsternpark. Ein weiterer, toller Stimmungshochpunkt. Meine Beine waren mittlerweile nur noch saftig. Sie zogen ganz alleine nach vorne. Nichts zwickte oder moserte rum. Einer der blauen Mitläufer fragte mich nach meiner Zielzeit. Ich erklärte ihm kurz meine Situation. Da ich nie so präzise auf meine Uhr schaute, konnte ich nicht absehen, was ich da gerade veranstaltete. Das Einzige, was ich wusste, war, dass die 3:30er Ballons hinter mir waren. Es sagte mir, dass ich gerade eher auf einem 3:20 Kurs war. Auwei, das konnte nicht gut gehen. Sollte ich vielleicht doch das Tempo raus nehmen? Oder doch meinen Gefühlen freien Lauf geben? Ich ließ mich weiterhin gehen. Wir forcierten etwas das Tempo. Die Kilometer verflogen. Wir hatten mittlerweile schon 19 weg. Es war somit beinahe Halbzeit. Zumindest die theoretische Halbzeit. Jeder Marathoni weiß, dass die praktische Halbzeit erst bei Kilometer 30 war. Denn die Kilometer von 30 bis 42 ziehen sich wie Kaugummi. Vor meinem geistigen Auge stellte ich mir den Streckenplan vor. Laut meinem weiblichen Navigationsvokabular liefen wir gerade nach oben. Dort würden wir dann die dritte Zeche durchlaufen und dann wieder zurück Richtung Nordsternpark laufen. Auf diesem Stück hatten wir eine lange Passage mit Läufergegenverkehr. Eine wunderbare Möglichkeit, Bekannte zu sehen und zu begrüßen. Aber erst mal erreichten wir die unscheinbarste Halbzeitmarke, die ich je auf einem Marathon hatte. Ein kleiner Strich auf dem Asphalt, der mit der 21,1 markiert war. Ich stoppte blind die Rundenzeit. Ob ich wohl mal einen Blick auf die Halbmarathonzeit schmeißen sollte? Ich guckte heimlich auf meine Uhr. 1:41:22. Einen kleinen Puffer hatte ich auf jeden Fall schon im Sack. Aber dies war bei 42,195 km und den Bedingungen nur ein Tropfen auf dem heißen Stein. Wenn ich einbrechen würde, dann wäre das Pölsterchen schneller weg als mein Hüftspeck. Aber nun gut, ich wollte mich nicht weiter mit etwaigen Einbrüchen beschäftigen. Ich arbeite mich von Verpflegungspunkt zu Verpflegungspunkt weiter, badete mich unter den Schwämmen, trank Wasser und ließ nicht den Funken von Durst aufkommen. Unsere kleine Gruppe fing mit jedem

Kilometer an zu dissoziieren. Die Kilometer und die Wärme nagten an den Reserven. Nach und nach wurden wir weniger. Das Marathonfeld war mittlerweile langgezogen und zersprengt. In dem Bereich, in dem ich mich bewegte, wurde es immer einsamer. Ab Kilometer 25 ergänzte ich meine Verpflegungsstandtätigkeiten um den Part des Colakonsums. Dies würde der erste Marathon werden, in dem ich keinerlei Gele oder andere festen Bestandteile futtern würde. Nur Cola und Wasser. Mein körpereigener Energiepool musste ausreichen. Ein klein wenig frische Glukose mit Coffein sollten langen. Ich näherte mich dem oberen Ende auf meiner hirninternen Karte. Die letzte Zechenbesichtigung. Unsere Gruppe war mittlerweile total zerschossen. Ich war auf ein Pärchen aufgelaufen. Die erste Frau seit vielen Kilometern. In der Zeche herrschte eine grandiose Partystimmung. Selbst die Arbeiter hatten sich hier in eine lange Reihe gestellt und motivierten die Läufer. Einer rief mir zu, dass ich es fast geschafft hatte. Dies war eine mehr als optimistische Einschätzung der Lage. Ich hatte 26 Kilometer weg und es lag noch ein ziemliches Brett vor mir. Die Wärme und das leicht wellige Profil der Strecke würden seine Spuren in meinem Körper hinterlassen. Ob ich das nun wollte oder nicht. Ich versuchte, die Stimmung und die positive Energie in mir aufzusaugen und mit zu nehmen. Es ging auf einer breiten Straße wieder runter auf meiner inneren Karte. Im Gegenverkehr sah ich viele bekannte Läufer und freute mich über die netten, wenn auch nur kurzen Begegnungen. Ich setzte mich von den letzten Läufern meiner Gruppe und dem Pärchen ab. Es wurde leer um mich herum. Ich hatte mich tatsächlich in ein Loch gelaufen. Aber zum Glück nur in ein Loch im Läuferstrom und nicht in ein Leistungsloch. Ich erreichte Kilometer 30. Es waren nur noch 2 Kilometer bis die noch zu laufenden Kilometer einstellig werden würden. Die Kilometer flogen noch immer an mir vorbei. Ich gab mich meinem Flow hin und genoss das Gefühl der kraftvollen Muskeln. Meine Beine fühlten sich wie gespannte Federn, die bei jedem Schritt die Energie aufnahmen und sie dann wieder freigaben. Wie eine Art Perpetuum mobile.

Im Gegenverkehr begegnete mir plötzlich eine liebe Lauffreundin, mit der ich gar nicht mehr gerechnet hatte. Sie rief mir zu, dass ich 5. Frau sei. Ich konnte gar nicht glauben, was sie da gerade gesagt hatte und bekam einen wahnsinnigen Motivationsschub. Und ich hatte bis zu Letzt mit mir gehadert, ob ich überhaupt in der Lage war zu laufen. Ich zog weiter und erreichte Kilometer 32. Jetzt wurde es endlich einstellig. Natürlich konnte man immer noch mit dem Mann mit dem Hammer abstürzen, aber zumindest hatte ich zum jetzigen Zeitpunkt weder Durst, noch andere Probleme. Die Beine fühlten sich immer noch gut an. Die Atmung ging so unfassbar einfach. Ich fühlte mich einfach frei. Etwas verlassen lief ich über die Strecke. Bei Kilometer 34 begegnete mir ein bekannter Clown, der mich freudig abklatschte. Er klatschte allerdings so ambitioniert, dass mir fast mein Arm wegflog. Einen derartigen Flow Effekt hatte ich eigentlich nicht herbei gesehnt. Die Situation mit dem Clown, der mich beinahe von der Strecke gehauen hatte, erinnerte mein merkwürdiges Hirn spontan an „Es" von Stephan King. Jenes Monster, das irgendwo in einer unterirdischen Welt lebte und sich teilweise durch die Toiletten seine Opfer holte. Zum Glück waren die Dixi Klos in dieser Hinsicht absolut sicher. Clowns, die in der blauen Suppe im Tank der Dixi Klos schwammen und auf ahnungslose Opfer warteten, gab es zum Glück nach meinen Kenntnissen nicht so oft. Apropos Toilette, ich war jetzt schon seit Stunden unterwegs und hatte keinerlei Bedürfnisse.

Ich näherte mich das zweite Mal an diesem Tag der Zeche Nordstern und mit ihr auch der Fusion von Marathonläufern und Halbmarathonläufern. Von hier an würde ich nun nicht mehr so einsam sein. Ich wühlte mich durch die Halbmarathonläufer. Auch sie kämpften hier ihren persönlichen Kampf. Langsam aber sicher merkte ich eine gewisse Unbeweglichkeit bei spontanen Richtungswechseln. Die Beine wurden zäher. Mir fiel der Spruch auf meinem Rücken ein. „Go hard or go home". Also los, quäl Dich. Von weitem hörte ich die Stimme vom Van Man. Ich zog weiter und passierte bei Kilometer 37 dann den weltbesten Moderator. Er motivierte mich wieder mit ein paar netten Worten und ich versuchte die positiven Energien auf direktem Weg in Beschleunigung umzusetzen. Für einen kurzen Moment fühlte ich mich voller Energie und Kraft. Nach und nach kroch die Erschöpfung in meine Beine. Ich musste jetzt nur noch durchhalten. Mir ging es gut und alles was mein Problem gerade war, war die meilenweit entfernte, kuschelige Komfortzone. Ich kämpfte weiter, um das Tempo zu halten und ignorierte das tiefe Bedürfnis, endlich stehen bleiben zu dürfen. Wie wundervoll die Vorstellung von sitzen oder liegen war. Weiter, immer weiter. Mir kam eine traurige Geschichte in den Kopf, die ich die vergangenen Tage gelesen hatte. Eine 31 jährige Profitriathletin war auf einer Trainingsfahrt in Italien von einem überholenden LKW angefahren wurde. Er hatte wegen Gegenverkehr zu früh wieder eingeschert und hatte die Sportlerin von ihrem Fahrrad geholt. Nach fast einer Woche im künstlichen Koma erlag die Sportlerin ihren schweren Verletzungen. In einem offiziellen Statement hatte ihr Partner dazu aufgerufen, auf Wettkämpfen für sie mit zu kämpfen. Auch wenn es mal nicht mehr so gut lief, solle man an die verunglückte Sportlerin denken und kämpfen. So wie sie es auch tun würde. Ich fühlte einen Kloß in meinem Hals. Mir tat das Schicksal der Triathletin so unendlich leid. Auch wenn ich sie nicht kannte, schockierte es mich zu tiefst. Die Tatsache, dass das Leben so wahnsinnig schnell zu Ende sein konnte, machte mir Angst. Denn eines war sicher. Alle Tragödien, die sich tagtäglich auf dieser Welt ereigneten, kündigten sich vorher nicht an. Man würde weder vorher die Gelegenheit haben, sich von seiner Familie zu verabschieden, noch ungeklärte Dinge zu klären. Man sollte sich dessen Bewusst sein und jeden Tag, bei allem was man tat, auf sich und seine Mitmenschen achtgeben. Man sollte sich vor allem im Straßenverkehr klar machen, wie machtvoll man über das Leben anderer entscheiden konnte. Ein kurzer Blick aufs Handy oder zu schnell durchs Wohngebiet und schon konnte ein Menschenleben zu Ende sein. Für immer. Ich probierte die Angst vor den spontanen Gepflogenheiten des Schicksals in Energie umzuwandeln und kämpfte mich weiter auf den Kilometern bis zum Ziel.

Ich erreichte endlich Kilometer 40. Jetzt waren es nur noch gute zwei Kilometer. Ich hörte auf zu denken und lief einfach was die Beine noch hergaben. Die Straße schien nicht zu enden. Kilometer 41. Einfach weiter ziehen und das Atmen im besten Fall nicht vergessen. Ich kurvte noch immer im Slalom um die Halbmarathonläufer. Es ging durch eine Unterführung und einen leichten Anstieg wieder hinauf. Mir ging der Ausspruch der Kenianer wieder durch den Kopf „Last hill". Ich hatte es fast geschafft. Meine Reise war so gut wie beendet. Ich erblickte Kilometer 42. Meine Haut entwickelte sich ein weiteres Mal zu einer ausgewachsenen Gänsehautpelle. Aber diesmal nass und durchtränkt von dem Schweiß und den vielen Bewässerungen an den Verpflegungsständen. Bevor es um die Kurve auf die Zielgerade ging, wurde meine Freude gedämpft. Am Rand wurde ein Läufer von Rettungssanitätern behandelt. Zumindest war der Läufer bei Bewusstsein. Ich bog um die Kurve und machte einen finalen Endspurt. Meine Reise war zu Ende. Acht Wochen Training wurden jetzt geerntet. 3:25:16, 1. Platz in meiner

Altersklasse und insgesamt 5. Frau. Ich konnte es kaum fassen.

Liebes Tagebuch, es war mir eine Ehre diese intensive Zeit mit Dir zu teilen. Mach es gut. Bis bald.

Never Forget

Vielen Dank für die Teilnahme an meiner kleinen Reise durch die Marathonvorbereitung. Ich hoffe, Du konntest etwas mitfühlen und hast für Dich ein paar wichtige Dinge mitgenommen. Falls Du am Ende des Buches enttäuscht sein solltest und Dir schon tonnenweise Kritik durch den Kopf wirbelt, bin ich auch damit einverstanden. Ich habe schließlich gelernt, dass ich nicht jedem gefallen kann. Aber wenn ich Dir ein paar unterhaltsame Momente beschert habe, freut sich mein kleines Autorenherz.

Nun wünsche ich Dir auf Deiner Lebenswanderungen viele wertvolle und fröhliche Erfahrungen. Für die steinigen Passagen drücke ich Dir fest die Daumen, dass Du sie meisterst und schicke Dir viel Kraft und Energie dafür.

Man kann im Leben mehr erreichen, als man oftmals denkt. Du kannst jeden Tag etwas ändern. Nicht nur an Neujahr. Vertrau Dir und Deinem Gefühl.